産経NF文庫
ノンフィクション

世界史の中の満州国

岡村 青

潮書房光人新社

世界史の中の満州国

——目次

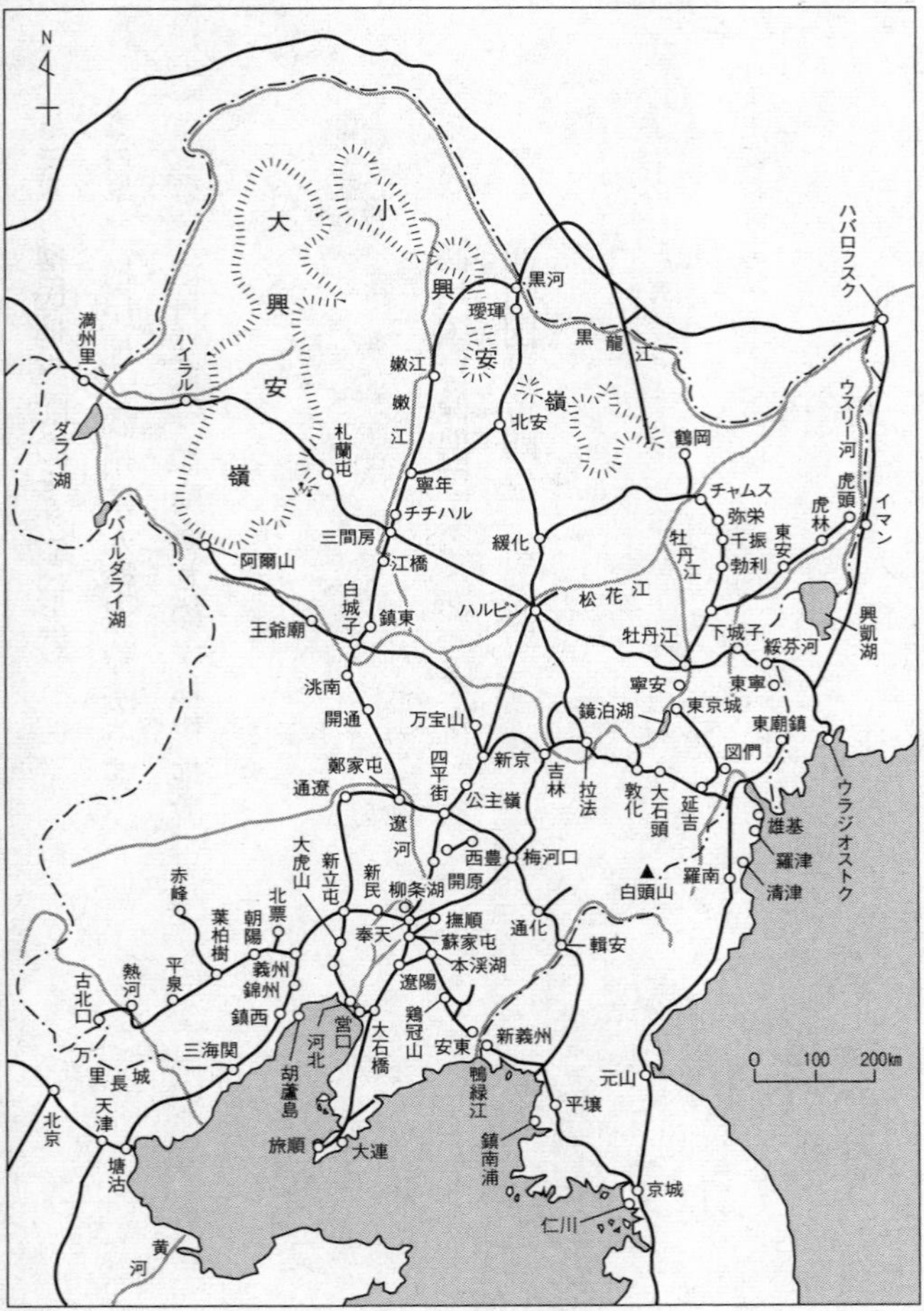
N
大興安嶺
小興安嶺
黒河
瑷琿
黒龍江
ハバロフスク
ウスリー河
満州里
ハイラル
ダライ湖
バイルダライ湖
嫩江
嫩江
北安
札蘭屯
寧年
チチハル
三間房
綏化
江橋
白城子
鎮東
阿爾山
王爺廟
ハルピン
松花江
鶴岡
チャムス
弥栄
千振
勃利
牡丹江
東安
虎林
虎頭
イマン
興凱湖
下城子
綏芬河
牡丹江
寧安
東寧
東京城
鏡泊湖
東廟鎮
図們
ウラジオストク
洮南
開通
万宝山
新京
吉林
拉法
敦化
大石頭
延吉
四平街
鄭家屯
通遼
遼河
公主嶺
西豊
梅河口
開原
大虎山
新立屯
新民
柳条湖
撫順
奉天
蘇家屯
本渓湖
遼陽
鶏冠山
安東
通化
輯安
白頭山
羅南
雄基
羅津
清津
赤峰
北票
朝陽
葉柏樹
義州
錦州
平泉
熱河
古北口
鎮西
三海関
万里長城
営口
河北
大石橋
胡蘆島
旅順
大連
新義州
鴨緑江
平壌
鎮南浦
元山
京城
仁川
北京
天津
塘沽
黄河
0 100 200km

世界史の中の満州国

はじめに

(一) 満州は『偽満州』だったか

一九三二年三月一日、新しい国家が誕生しました。この国家はそこの地域に住む先住民族である満州族にちなんで「満州国」と命名され、世界史上に登場しました。独立を宣言するとイタリア、ドイツ、ポーランド、タイ、日本など十数ヵ国の承認を受けてただちに外交関係を結び、満州は国際的にも認知されました。これはまさしく偽りのない歴史的事実であり、さまざまな文献あるいは媒体に記述されているところです。

中華人民共和国はけれど「満州」あるいは「満州国」と称することをかたくなに禁じています。これは満州の存在を認めることを許さないからです。そのため満州等について記述ないし言葉にする場合には必ず「偽」という文字を冠さなければならず「偽満州」「偽満州国」と表現するのです。さらにまた標記だけでなく満州国が存在した地域についても正確な地理を示すことを避け、「中国東北部」などの標記を用いて曖昧化しているほどです。そのせいでしょうか、中国政府が満州に触れる場合はあたかも蛇蝎のごとく忌み嫌い、憎悪の念で語るのは。

なにゆえこうまで中国政府は「満州」をタブー化し、触れることを避けたがるのでしょうか。結論を先に述べると、中国政府は満州といわれる地域は中国とは切り離すことのできない絶対不可分の固有の領土であると主張する。その領土を日本は武力を行使して不当に「侵略」し、奪い取って「植民地」とし、これをもとに捏造し、でっちあげた「傀儡」国家であるとの認識に立っているからにほかなりません。

ではたして中国政府が主張するとおり満州は日本に捏造された「偽満州」であったのでしょうか。本書はこの疑問をもとに書こうとするものです。「侵略」「植民地」「傀儡」――。これらをキーワードに満州の実相、すなわちありのままの姿を歴史的事実にもとづいて解き明かそうとするものです。

冒頭でも述べましたが満州国は一九三二年三月一日、元清国皇帝であった愛親覚羅溥儀を執政に擁立し独立を宣言します。もっとも正確を期すなら独立宣言をおこなったのは二月十八日といったほうがいいかも知れません。

それというのは二月十七日、張景恵黒龍江省長を首班とする「東北行政委員会」が発足し、翌十八日、「党国政府と関係を離脱し、東北省区は完全に独立せり」との声明文を発表し、蔣介石率いる中国国民政府と関係断絶をはかっているからです。したがって三月一日発表の声明は「満州建国」宣言となっています。

建国宣言とともに国号は「満州国」とし、年号は「康徳」、国旗は「五色旗」に制定します。五色旗の由来とは満州の国土を象徴する黄土色を地に、上から順番に青赤白黒の四色の横縞が描かれているからです。五色も日本、満州、蒙古、漢、朝鮮の五つの民族をデザイン化したものであり、満州建国の理念とする『五族協和』を表現したものといわれています。

画家の岡田三郎助の絵もそうでした。満州建国から四年後の一九三六年十一月、満州国務院政府庁舎が竣工しましたが、庁舎の正面玄関をすすむと天井にシャンデリアがきらめく広間に行き当たります。そして壁には岡田が描いた、和服姿の日本女性を真ん中にして左右二名ずつ、民族衣装で着飾った若い女性が手を取り合ってスキップする様子の絵が架けられています。この絵画も同様に民族の調和、平等、互恵などをシンボル化したものでした。

そのため国旗や絵画にはそれぞれ言語、習慣、人種、風俗などは違えどもそれを乗り越えて五つの民族はたがいに協調し、手をたずさえながら新しく誕生した満州国を作り上げようという三〇〇〇万満州国民の願いや理想がこめられています。もっとも裏を返せばそれだけ満州国とはもろく、こわれやすい、あたかもガラス細工のような国であったということでしょう。

じっさい満州国は複合国家であり、モザイク国家であるがゆえの宿命として各民族間の利害や思惑などが複雑に絡み合い、小競り合いなども発生しています。

五族協和の理念どおりに国家建設がすすめば満州国家は東洋、いや世界に誇り得る近代国家が実現したに違いありません。事実、原野に等しかった満州は欧米の都市をもしのぐほどの近代都市、文化国家に生まれ変わりました。日露戦争勝利後、南満州鉄道および付属地の権益を獲得した日本は一九〇四年九月より付属地の用地買収をすすめ、翌年より本格的な長春の都市開発に着手しています。

長春は満州国成立後新京と改められ、満州国の首都となります。都市計画は首都にふさわしく長春駅前に直径一八〇メートルの円形広場を設置し、ここを基点に幅三六メートルの直線道路を南北に通しました。そしてさらに直線道路に交差して数本の幹線道路が東西に延びています。

道路や広場など市街地の整備と並行して付属地におけるインフラ建設も着々とすすみます。長春小学校建設を皮切りに長春駅前の大和ホテル、長春共同事務所、満鉄長春医院、あるいは長春中央郵便局、警務所などの庁舎が次々と着工し、いたるところで活気に満ちた槌音が響きます。

長春は奉天や吉林に次ぐ満州の地方都市でしたが、城壁と伊通河にかこまれた旧態依然とした辺鄙な街にすぎませんでした。けれど松室重光、市田菊治郎、安井武雄といった一流の日本人建築設計士や建設会社の技術力によって近代都市に変貌してゆきます。

むろん道路や建物だけでなく景観面でもいかにも日本人らしくきめ細かな配慮がなされています。住宅、商業、工業、官庁、公署、文教、スポーツ、娯楽施設、緑地公園などが地域ごとに整然と区画され、電線さえも電話線とともに地下に埋設されていたのです。

街づくりとともに住民生活に欠かせない電気、ガス、水道の普及はもちろん電話、ラジオなどの備えもすすめられ、文化都市としての面目を一新してゆきます。

さらに特急「あじあ号」も特筆すべきものでしょう。「ファーン」とエアーファン特有のやわらかな汽笛やバシナ型といわれるスマートな流線型のボディートブルーのカラーで親しまれた特急あじあ号は一九三四年十一月に運行を開始します。あじあ号は大連・新京間約七〇一キロを八時間ほどで結んだといいますからそれまで一〇時間もついやした走行時間を大幅に短縮したものでした。

蒸気機関車としてはアジアでもっとも速い速度を誇り、完全密閉型で一等寝台車や展望車が最後尾に連結されています。全車両に冷暖房が完備されていましたから列車は快適性に富み、乗務員のマナーサービスも完璧でした。あじあ号が「陸の王者」といわれる所以はこれらにあったわけです。ついでに記しておきますと、新京と釜山間には急行「ひかり」や「のぞみ」が運行していたのです。

(二) 理想国家満州の夢

満州国家成立翌年の一九三三年国都建設計画が発表されると首都開発にいっそう拍車がかかります。国務院政府と満州鉄道調査会の共同プロジェクトとして首都整備に取り組むからです。満州国の成立にともない長春は「新京」に改められ、満州国の首都となります。ではなぜ、満州でもっとも発展し中心都市でもあった奉天ではなく長春を首都としたのか疑問を抱くに違いありません。理由はこうでした。まず奉天は満州南部に偏っているとの地理的理由です。奉天は満州事変勃発まで張学良政権が置かれ、事変平定後も残党が温存し、関東軍の脅威になっています。これに対して長春は相対的に張軍の勢力は弱く、影響も低かったというものです。

首都整備は中心市街から始まりました。一九三四年三月一日、溥儀が執政から満州国皇帝に着座し、帝政が実施されると元号も康徳から『大同』に改められ、これにちなんで外周一キロにもおよぶ大同広場が新京市のど真ん中に設置されます。そして大同広場を基点に新しい道路が東西南北放射線状に開通し、道路に面して建造物が建てられてゆきます。なかでもとりわけ大同大街は新京の市街を南北につらぬくメインストリートでした。道幅が五二メートル、片側二車線という、日本国内ですら見られない立派な道路でした。

大同大街の西側には順天大街が並行しています。この通りは、南は安民広場、北は皇帝溥儀の帝宮造営地に通じています。

じつは帝宮造営にはこのような隠れたエピソードがあったのです。当初帝宮は大同大街の南端に面した南嶺に造営する計画でした。ところが中国の伝統的都市建設の手法である、「天子は南方に面する」との慣習に反するとして側近たちが強く抵抗し、順天大街の北端に造営地を変更したということです。ただし帝宮はついに完成することなく工事は中断します。日本の戦局悪化にともない資材、人材、資金などがとどこおり、野ざらし状態で放置したまま満州国は崩壊したからです。なので結局皇帝溥儀は新宮殿に入ることなく仮宮殿の勤民楼に満州国崩壊まで住まざるを得なかったのです。ともあれ、これはずっと後のことです。首都建設によって人口一〇万人たらずの新京は二〇年後には二五万人、さらに将来的には三〇〇万人都市を目指すとの、じつに壮大な都市計画を掲げたのです。というのは当時日本の首都東京ですら二五〇万人程だったからです。

このように満州国は日本の資本、技術、頭脳等々の支援を受けて短期間で目覚ましい発展を成し遂げ、日本をもしのぐほどの近代都市国家に生まれ変わります。それにもかかわらず満州国はわずか一三年たらずで消滅します。一九四五年八月十八日、つまり日本がポツダム宣言を受諾し、事実上太平洋戦争に降伏したことを告げる詔勅放送が伝えられた三日後、満州国は崩壊し、世界史上から消え去ります。

満州国皇帝溥儀は首都新京から朝鮮との国境に近い通化省大栗子に脱出後の八月十七日夜半に開かれた国務院政府閣僚、宮内府重臣、関東軍首脳らとの御前会議で退位を表明し、満州国の終焉を宣言したからでした。じつは溥儀は新京に戻り、ラジオ放送を通じて満州国民に対し正式に退位宣言する予定でした。ところがすでにソ連軍が首都に侵入し、占領されたため新京に戻ることは不可能となり、結果的に宣言はまぼろしに帰したという事実があります。

日本は満州国の生みの親であり育ての親。しかも後見人でもありました。だから日本は満州の国造りのためあらゆるものを惜しみなく投入したのです。親が敗戦国になっただけでなく米英等連合軍の占領下に置かれたことで支えを失い、満州国も日本と運命をともにしたのでした。むろん満州国は独立国家であり太平洋戦争においてもいかなる国に対して宣戦布告せず中立を保っていましたから存続も不可能ではありません。けれど敢えてその選択は採らなかったのです。

満州の国家建設に情熱をかたむけ、心血をそそいだ人びと。あるいは不毛の原野を開墾し、肥沃な大地に大豆や小麦を栽培し、農業に未来を託した開拓民たち。さらには一獲千金を夢見て鉱脈採掘に渡満した海千山千の男たち——。

敗戦当時四四二〇万人にまで達した国民は満州国崩壊の現実に直面し、はたしてこれをどのように受け止めたのでしょうか。当然ながら人びとの数だけ抱く感慨はさまざまであり程度の差だってあるはずです。まして短命に帰しただけに一筋縄ではいかない波乱や激動に満ち、筆舌に尽くしがたい変転が繰り返された満州国でしたからなおさらでしょう。

日本人居留民はとくにこの思いが強かったにちがいありません。八月十五日をさかいにたちまち敗戦国民のレッテルが貼られ、凄惨きわまりない体験を経なければならなかったからです。あるものはシベリアに抑留され、酷寒と飢餓、そのうえ苛酷な重労働を強いられ、落命するものは後を絶ちませんでした。またあるものはソ連軍の侵攻で虐殺され、凌辱され、財産を略奪され、集団自決を余儀なくされたもの少なくありません。

さらにあるものは人民裁判という名の、きわめてずさんで非人道的な蛮行きわまりない中国共産党によって虐殺される。あるいは戦場に強制連行され牛馬のごとく使役されながらそのまま生死不明となったもの、これまた数千名に達するともいわれるほどです。

このような辛酸や痛苦をつづった手記や体験記録にはおびただしいものがあり、これらには満州国に抱くひとびとの陰影がいかに深く、アザとなって拭いとれないものになっているか、読み取ることができます。

もともとそこに暮らしていた先住民の満州族にすればなおさらでしょう。かれらにしてみればソ連も漢民族も日本も異民族でありよそ者にかわりありません。よそ者が自分たちの土地に断わりもなく勝手に乗り込んで来て土地の奪い合いから戦争を始めたからです。戦争に勝ったものが自分たちの領土と言い張り、土地の権利を奪い、利益を独り占めにする。満州族にすれば満州とはよそ者同士の戦場となり、故郷が踏み荒らされ、農地が奪われ、生活が台なしにされ、家族が路頭に迷う、わざわいをもたらす悪魔以外なにものでもありませんでした。

そうしてみれば日本人居留民にしても満州民族にしてもかかげた「五族協和」「王道楽土」の崇高な理念、壮大なユートピア構想も所詮は〝一睡の夢〟にすぎず、満州とは日満両国民が見たつかの間の共同幻想であったかも知れません。

顧みればかくも脆く、じつにひ弱な満州国でした。しかもそのうえ今では満州国が存在した一三年間よりはるかに長い歳月が経過し、当時を知る人びとはすっかり少なくなっています。したがって当時を知り得る方法といえば文献や当時者が書き残した回想記等を手掛かりにするほかないのが実情です。満州国は人びとの記憶からますます遠ざかり、あったことさえ忘れられようとしているのもこのせいです。

短命に帰し、いかに泡沫国家であったとしても、あるいは戦争とともに生まれ戦争とともに消滅した、まさに戦争の申し子のような満州国であったとしても存在したという事実は消せず、歴史上には確実に満州国の名は深く刻みこまれています。たとえ中華人民共和国政府はこの国を認めようとせず、「偽満州」だの「偽国家」などと罵倒し、故意に事実を歪曲し、抹殺すらしようとしてもです。満州国はけっして「偽満州」などではないのです。

(三) 満州は漢民族の領土にあらず

中国政府は「満州」と称することも称されることも極度に忌み嫌います。そのためかつて満州国であった地域に言及する場合も「中国の東北部」などと方位でしめし、ことさら抽象化しています。

知名にしてさえこうですから「偽」の名を冠するのは満州国だけにかぎりません。中国が発行する旅行ガイドやパンフレットを利用して瀋陽や長春を旅行されたひとならおそらく気づいたにちがいありません。満州時代、日本の技術援助や資金援助で造られた建造物や施設にはかならずというほど「偽」という文字が冠されていることに。長春の新民大街は満州国時代、順天大街といわれたところです。この通りは南方の安民広場と北方の、完成後は皇帝溥儀の御所となるはずであった帝宮を結ぶ道幅六〇メートルのものであると先に述べました。

この順天大街に沿って両側には官公署が建ち並び、いわゆる官庁街をなしています。たとえば満州独立の翌年に着工し、三年あまりをついやして一九三六年十一月に竣工した国務院政府庁舎をはじめ交通部、治安部、司法部など。満州の統治機関が林立するまさに中枢部といってよいところです。けれど現在これらの建物には「偽国務院」「偽満州交通部」などといった具合に、ことごとく「偽」の名がつけられているのです。

「偽」と名付けるのは満州国は存在しなかった、存在しないものは認めない、とする中国政府の姿勢を示すものです。したがって満州に関連する建造物や歴史的遺産はことごとく抹消するということになるのです。

であるならば徹底的に破壊し、中国自らの手と力で新しく作り出せばよいはずです。ところがそうではなかった。そのまますちゃっかり再利用しているのですからあんぐり、空いた口がふさがらないとはこのことです。旧国務院政府庁舎は吉林大学基礎医学院、旧交通部や司法部の建物は吉林大学、旧経済部は吉林大学第三医院という具合に改装し、使用しているのです。

さらに満州皇帝溥儀が満州国消滅まで過ごした仮宮殿までも「偽満皇宮博物院」と名付けるありさまです。溥儀が執務室に使用し、一九三二年九月、武藤信義関東軍司令官兼満州全権大使と鄭孝胥国務院総理が日満議定書に調印した場にもなった勤民楼、あるいはアヘン中毒に冒されていた溥儀の妻婉容がアヘン吸引に使用したという緝気楼などが当時の状態のまま一般公開し、中国政府は官公収入の貴重な財源に資する、抜け目のなさです。

帝宮造営は一九三八年に着工し、四六年竣工の予定でした。けれど前述したように資材や資金不足で工事は中断し、国民の視界を遮断するため高い板囲いを設け、鉄筋は錆びるにまかせて放置されていました。中国政府は中華人民共和国成立後の一九五〇年代、旧設計図をもとに工事を再開し、「長春地質学院教学楼」と名を変えてこれを建てたものです。この場合も「偽満州国宮」の石碑を建てることも忘れてはいませんでした。

さらに二〇〇六年には同地に三階建ての『東北陥落史陳列館』が建てられ、満州国に関する資料や写真パネル、文献などが多数展示され、こちらも一般公開されています。ここでも中国政府は、陥落したのは満州国であり、方位ではないにもかかわらず「東北」と称し、事実を隠蔽しているのです。

それにしてもこれらの建造物でわかるのは、日本の建築技術の水準がいかに優れているかということです。建てられてからすでに一世紀を越える建物もあり、それでもなお今もって十分に使用に耐えているのですから。

けれど中国政府がいうところの中国東北部で「偽」のつかないものを探したらほとんどなにも残らないでしょう。主要な建物、道路、鉄道、工場――。どれもが日本の資本援助を受けていないものはないからです。

中国政府はこのように満州国とかかわりのある建物や施設に「偽」の頭文字を用いて指弾します。おそらく読者は不審感を抱くに違いありません。なぜこうまで中国政府は執拗に拘泥するのかと。このように訝るのは日本人には「恥」を知るという心があるからです。もちろん相手に非があれば責めもしますし看過もしません。けれど同時にそのような行為を受けなければならないおのれの無知蒙昧を恥じるこころも合わせ持ちます。

かつて日本もずいぶんと屈辱を味わい、切歯扼腕したものです。一八五〇年代、六〇年代の幕末維新時代です。アメリカの東インド艦隊司令長官ペリーは四隻の軍艦を率い、武力をちらつかせながら幕府に開国を迫りました。恫喝にすっかり動転した幕府は三代将軍家光以来二百数十年続いた鎖国政策をあっさり転換し、日米和親条約を締結して下田、函館、二つの港を外国船入港に開放します。

米国とは引き続いて日米修好通商条約を結び、日本に対して自由貿易、関税納付、領事裁判権、神戸、長崎、横浜などの開港を認めさせます。この条約調印を契機に仏、蘭、露、英なども同様に条約締結を要求し、幕府は同意しました。「安政の五ヵ国条約」とはこれをいいます。

これらの条約は相手国に有利なものでした。国際問題、外交折衝のうとさにつけこまれた日本は相手国の要求を丸呑みすることしかできず、振り返ってみればずいぶんとひどい煮え湯を飲まされたものです。たとえばこれらの人物が日本国内で犯罪を犯しても日本で裁くことができず、相手国に委ねざるを得ない領事裁判権。関税の自主権も剥奪されたため日本独自の関税率を決めることができず、相手国の言うがままに認めざるをえない、などです。

このほかにも横浜や神戸は租界地となり領事館、貿易商社がつぎつぎと進出。同時にこれらを保護するとの名目で軍隊までが駐留します。しかも日本の貧弱な軍事力をあざ笑うかのように軍事演習を実施し、幕府を威嚇するといった傍若無人ぶりです。

欧米列国の横暴な振る舞いに憤慨し、草莽《そうもう》の志士といわれる武士たちは尊皇攘夷をかかげ、民族主義運動に立ち上がったのはよく知られています。じじつ締結された各国との条約はいずれもきわめて日本に不利な片務的条約であり、相互互恵の精神に反するものでした。そのため日本政府は条約改正に苦慮し、領事裁判権撤廃が実現したのは一八九四年、英国との改正交渉でした。関税自主権の完全回復はこれよりさらに遅れて一九一一年二月、日米新通商航海条約調印まで待たなければなりませんでした。

横浜や神戸、長崎などにはこれらの国々の建物が現存し、異人館などと称して観光スポットにもなっています。異人館はいうなれば日本の植民地化を意図する目的で建てられたものであり、日本にしてみれば負の遺産、屈辱の象徴以外ありません。なので中国政府の例にならうならば「偽○○」と名付け、相手国を槍玉にあげ、自国民の自尊心を焚きつけ、反英、反米の扇動に利用するところでしょう。けれど日本はこのような短慮な行動には走りません。相手を責め立てるよりもまずおのれの「無知」を省み、「廉恥」を知る、これから始めようとするからです。

中国政府は違います。相手の非を責め立て、言いつのりこそすれ自分たちの非力、無知を省みるなど毛ほどもありません。ないからこそ相手、つまり日本のことですが、責め立てることしか知らず、責め立て、屈服させることで優越感を満足させ、尊大になるのです。なぜそうなのでしょう。理由はどうやらこのようです。

満州といわれる地域は満州国が成立する以前は黒龍江、吉林、奉天、東北三省といわれ、もともと中国とは切り離すことのできない絶対不可分の固有の領土であった。この領土に日本の軍国主義者が武力侵略し、銃剣と威嚇で中国民衆を蹂躙した。この後日本は日本国内から大量の日本人移民を送り込んで植民地化し、土地および資源を容赦なく奪い取った。そのうえ日本政府は軍事力をもって中国民衆を支配し、抑圧し、搾取するために満州国を捏造し、自分たちに忠実で都合のよい人物に要職をあてがい、日本政府および軍部が陰であやつる傀儡国家をでっち挙げた。満州国とはこのように虚偽と悪意で固めた国家である――というものです。

けれど果たしてこのとおりでしょうか。中国政府が主張するように満州は中国固有の領土なのでしょうか。満州は嘘といつわりの国だったのでしょうか。

もちろん違います。満州が中国固有の領土であった事実はまったくありません。満州国も虚偽の国家などではけっしてありません。皇帝溥儀をはじめ満州族にとって満州国独立は積年の悲願であったのです。詳しくは本文で述べますが、中国政府の言い分こそ真っ赤なうそ。出鱈目きわまりないものなのです。

(四) 反日・侮日が中国の国是

満州国について持つ中国政府の認識がこうであれば自然のこととしてこのような図式が成り立ち、喧伝もされるでしょう。満州は日本軍国主義者の武力行使によって「侵略」され、日本帝国主義者の「植民地」と化し、植民地主義者によって都合よくあやつられた「傀儡」国家であった、と。

中国政府はこの図式どおりに主張し、日本の歴史認識を事挙げし、悪しざまに非難してやみません。一九九八年十一月、国賓として初めて日本を訪問した江沢民中国国家主席がしめした対日姿勢はこの図式をあますところなく体現させるものでした。

江沢民主席は十一月二十六日、皇居豊明殿で催された宮中晩餐会にほほ笑みを振りまきながら臨みました。主催者挨拶で天皇陛下は、「貴国とわが国が今後とも互いに手を携えて、直面する課題の解決に力を尽くし、地球環境の改善、世界の平和のために貢献できる存在でありつづけていくことを切に希望します」と歓迎の言葉を述べられました。これに対し、では江沢民主席はどのような答辞で応じたのでしょう。

「日本軍国主義者は対外侵略、拡張の誤った道を歩み、中国人民とアジアの他の国々の人民に大きな災難をもたらし、日本人民も深くその害を受けました。『前事を忘れず、後事の戒めとする』といいます。我々はいたましい歴史の教訓を永遠にくみとらなければなりません」

のっけから日本非難でした。宮中晩餐会には内外の招待者五〇〇名ほどが参加し、なごやかでした。ところが江沢民主席の答辞はこれに冷や水をかけるに等しいものでしたから会場は凍りつき、うたげはすっかりしらけムード。眉をひそめ、苦々しい表情で答辞を聞いたのです。江沢民主席はこの後記者会見にも応じ、同様の発言をまたも繰り返しています。

「高い地位のひとを含む一部のひとびとがしばしば歴史を歪曲し、侵略を美化し、中国とアジア人の感情を傷つけている。これは日本の歴史にどのように対処するかの問題を十分には解決できていないことを示すものです」彼はこれに続いて、日本には軍国主義復活の兆候があるとしてこうも述べています。

「日本軍国主義は中国人民に大きな災禍をもたらす侵略戦争を何度も起こしました。率直に言って多くの列強のなかで中国に災禍をもたらしたのは日本である」

なんのことはない、江沢民主席の訪日は反日・侮日のアジ演説をブチ挙げるためにやってきたようなものでした。国家主席自らが日本非難を繰り返す。これで日本国民ははっきりと分かりました。反日・侮日は中国政府の方針であり国是であるということを。

傲岸不遜な江沢民主席の態度は各地で物議を醸《かも》し、日本の人びとの顰蹙《ひんしゅく》を買うところとなりました。当然でしょう。彼の態度は非礼きわまりないものですから。彼の日本訪問は日中の友好親善、相互理解などを深めるとする外交の常道とはおよそかけ離れた、過去の歴史を蒸し返し、日本批判、日本恥辱を内外に喧伝するプロパガンダのためにやってきた、悪意あるものと断言せざるを得ないものです。

けれど江沢民主席がいかに日本非難、日本叩きをしようとも、日本はすでに一九七三年九月、田中角栄首相と周恩来首相とのあいだで交わされた日中共同声明で過去の歴史は清算されたとして中国政府は戦争賠償の請求も放棄したことを確認しているのです。

同声明で日中両国は戦争状態の終結に合意し、中華人民共和国は中国を代表する唯一の国家であることを承認し、日中両国の国交正常化をはかったのです。この後日中平和友好条約や日本政府による開発援助などが開始し、経済支援もはじまりました。経済援助には中国に対する日本の戦争責任や反省、償いの意味合いも含まれており、江沢民主席が来日した時点で対中円借款は累計で三兆円を越えるほどだったのです。江沢民主席もこれらの事実を知らないはずがありません。日本をことさらおとしこめ、底意地悪い日本批判を繰り返していながらじつは三年分の円借款二九〇〇億円にもおよぶ供与を受け、もらうものだけはちゃっかりもらって中国にさっさと帰っているのですから。

中国政府や江沢民主席の反日・侮日姿勢は訪日で急に現われたものではありません。

彼の反日姿勢は一九九四年八月に実施した「抗日戦争勝利五〇周年」を期して幼稚園から大学にいたるまでの全教育課程で愛国主義教育の徹底化をはかったのです。抗日とうたっているように矛先はもっぱら日本に向けられており、制定目的も反日洗脳教育で貫かれています。

彼の反日姿勢はそして一九九五年九月、北京で開催した「首都各界による抗日戦争ならびに世界ファシスト戦争勝利五〇周年大会」でおこなった演説でいよいよ露骨化してゆきます。この演説で彼は日中戦争による中国側の軍民死傷者数を三五〇〇万人と発表したからです。この大会以前まで中国政府は軍民死亡者数を二一〇〇万人と発表していました。ところが北京演説では負傷者も加えて被害者の数値を一気にハネ上げたのです。

江沢民主席の意図するところは見え透いてます。つまり数値を高くすることで中国人に対しておこなった日本の行為を強調し、イメージ悪化をはかるというものです。李白が詠んだ『秋浦歌』に「白髪三千丈」というものがあります。悲しみのあまり白髪が途方もなく伸びたことを誇張したものですが、事態を強調するため大袈裟に語ったり見せたりする意味で使われます。江沢民主席の演説はまさにこれでした。日中戦争による中国軍民の犠牲者数は一三二〇万人説、二二万人説など諸説あり、正確な数字などない、というのが正しいのです。

江沢民主席の愛国主義教育は児童生徒から青年学生にいたるまで反日思想でまるごと洗脳するというものですが、けれど教育だけにとどまりません。施設を建設することで日本軍の行為を中国の人びとに可視化させ、想起させるというのもあります。一九九九年九月十八日、吉林省にオープンした『九・一八歴史博物館』がそうです。「九・一八」とは一九三一年九月十八日に勃発した柳条湖事件を指します。この事件を契機に満州事変が拡大し、日本軍（関東軍）は満州全土の平定を成し遂げるのでした。

江沢民主席は事件の発端となった柳条湖に博物館を建てただけではまだ気が済まないらしく、日本軍が中国で軍事行動をおこした日にちなんでわざわざ九月十八日をえらび、オープンセレモニーをおこなっているのです。博物館はそのため満州事変の真相や発生にいたった歴史的経緯、発生要因の究明といった学術的なものではなく、日本に対する憎悪、敵愾心を喚起するのを目的として立てられたものなのです。博物館の入り口に建つ『〝九・一八〟歴史博物館』のプレートも彼が揮毫《きごう》したものでした。

このように江沢民主席の対日姿勢は徹頭徹尾反日・侮日でつらぬかれています。人びとを洗脳する以前に自分かすでに洗脳されているのです。けれどなぜこうまで彼は執拗なのでしょうか。むろん彼だけではない、中国の歴代国家主席は程度の違いはあれ等しく反日的であることに変わりありません。けれど江沢民主席は異常なほどに際立っています。前に述べた宮中晩餐会の場においてまで反日演説をぶつなど常軌を逸していることはなはだしいからです。

歴史問題を持ち出せば日本は一言半句もない。そのため歴史問題を外交カードに利用すれば自国有利に交渉はすすみ事態打開の切り札になる。元来日本は「夷狄《いてき》」であり「小日本」であり「東洋鬼」であり蔑視の対象である。宗主家国としてお灸をすえればたちまちひざまずく。江沢民はこのようにくみしやすしと飲んでかかる、あなどりの底意地があるからにほかなりません。

これには日本側にもすくなからずの責任があります。中国政府の誤謬をただし、反論すべき点にはきっちりと反論するとの毅然さを放棄しているからです。これでは中国政府がつけ上がるのは当然です。日中共同声明で過去の歴史問題はすべて清算済みとなったのです。であればもはや贖罪意識にとらわれることなく、謝罪のトラウマから脱却すべきなのです。

（五）日本蔑視は中国の逆説的被害妄想

江沢民主席の反日・侮日政策は中国でおこなった日本の一挙手一投足すべてが罪悪であり、人倫に悖《もと》るものであるとする、きわめてバイアスのかかった危険な歴史認識にほかなりません。さきに述べた、「——多くの列強の中で中国に災禍をもたらしたのは日本である」と強調したのはその端的なあらわれでしょう。それゆえ中国政府は日本をイギリスやロシアなどよりもはるかに許しがたい仇敵とみなしているわけです。

イギリスは知ってのようにアヘン戦争後香港を植民地とし、ポルトガルはマカオを植民地としました。植民地については後に触れますので簡単に述べると、本来自国領土でないものを政治的軍事的手段を用いて自国領土とし、そこで生み出されるすべての利益を自国の権利下に置く、というものです。

イギリスはインドで生産したアヘンを清国に輸出して暴利を得ただけでなくアヘン中毒で清国のひとびとの心身をむしばみ、亡国に追いやった。いまようにいえばマフィアのようなものだったのです。清国政府の特命全権大使として広州に派遣された林則徐がアヘン撲滅を断行し、救国政策を実施してアヘンの輸入禁止、没収、焼却などの措置をとるとイギリスは広州沖に艦隊を送り込むという武力行使に訴え、清国軍隊をこてんぱんにたたきのめします。いわゆるアヘン戦争の勃発です。

アヘン戦争に勝利したイギリスは一八四二年八月、南京条約締結で香港割譲、多額の賠償金支払いなどを認めさせ、翌年七月には治外法権を要求し、関税の自主権を剥奪し、広州、上海などの開港を飲ませる不平等条約をつきつけ、調印させます。このとき香港も植民地となり一九九七年までイギリス領となるありさまです。ここにはもはやアジアの宗主国として君臨し、朝鮮、琉球、ベトナムなどが朝貢した威信も気概もない、零落した清国のあわれな姿でした。そうでありながらイギリスより日本のほうが悪辣だと江沢民主席はいうのでした。

ロシアについてもそうです。清国政府はロシアに対し靴底をなめなければならない、耐え難い苦汁を味わったはずです。一九〇〇年六月に勃発した義和団事件で日本やロシアは人的物的被害を受けます。このとき杉山彬日本公使館書記官が北京で清国軍によって殺害されています。

なかでもロシアは満州に建設していた東清鉄道が破壊される、鉄道職員が襲撃されるなどの被害を出しています。そのためロシアは態度を硬化させ、報復措置として黒龍江省住民五〇〇〇人を虐殺するという残虐な手段をとったうえにロシア軍を増派し、満州全土の軍事占領をもくろむ行動をとったのです。清国はロシアからもこのようなひどい仕打ちを受けているのです。それでもなお日本のほうがはるかに残酷だと江沢民はなじるのです。

ここまでくればもう江沢民主席の日本憎し、日本敵視はいいがかりにすぎません。日本の歴史認識をただすとして戦争責任を追及し、自国の正当性を主張しつつも実体的には泣き言、ないしは負け惜しみをいっているようなものなのです。そのためはこの点で中国の理屈はすでに破綻しており、それを延々とくり返しているのは逆説的被害妄想であるというのです。日本に対する歴史認識を追及するあまりかえって自分がその執着にとらわれ、ますます自家撞着に陥っているということです。

被害妄想はほとんど中国政府の宿痾《しゅくあ》といってよく、ますます肥大化しているありさまです。それというのは困ったことにこの病に冒されているのは江沢民主席にとどまらず、習近平主席にまで蔓延しているからです。

習近平主席は「トラもハエもたたく」ことを国民に約束し共感を呼びました。このたとえは共産党内部にはびこる金権体質を一掃し、腐敗撲滅および綱紀粛正をはかるというものです。

また彼の登場は中国の少数民族や地方の農民にも期待をもたれ歓迎されたものです。父親の習仲勳はチベット亡命政府のダライ・ラマと親しいことから少数民族に理解がある、文化大革命のときには下放政策で農業に従事し、地方の農村事情を理解している。このようなことが彼に好感を抱き、希望を託したのです。

けれど期待は単なる幻想にすぎないことにやがて気づきます。中国政府によるウィグル族や内モンゴル族に対する文化圧殺あるいは漢民族化などの同化政策です。

(六) 習近平主席に見る中国の侵略的体質

習近平主席の大国主義的覇権体質は二〇一三年三月におこなった国家主席就任演説で如実に現われており、私たちははっきりとそれを見て取ることができるでしょう。「中華民族の偉大な復興」「愛国主義を核心とする民族精神の発揚」「中華人民共和国は世界の東方に聳《そび》えたっている」

自国礼讃をこうまで臆面もなく吹聴する。聞かされるこちらのほうこそ赤面してしまいますが、この演説ではからずも筆者はかつて孫文が辛亥革命で掲げた「滅清興漢」「駆除韃虜」「恢復中華」といったスローガンを想起したものです。

孫文は異民族である満州族や蒙古族が統治する清朝政府を打倒し、中国領土から追放して漢民族による政権を打ち立てるとして漢民族の愛国心をさかんに鼓舞します。孫文習近平主席の演説には孫文のスローガンと通底するものがあることを知ります。孫文のスローガンには中華思想、中華帝国の復権復活が鮮明にあらわれていますが、習近平主席の演説はよりストレートに表現しているからです。

二一世紀の今日にしてはおそろしく復古的であり大国主義剥き出しの演説ですが、けれど中華帝国思想とはこのようなものであるということを彼は隠さず、明らかにしてくれたのです。

日本が二〇一二年九月、尖閣諸島の国有化に踏み切ると中国民衆はたちまち暴徒化し、「愛国無罪」などと叫びながら日本企業や商業施設を破壊し、略奪し、多額の損害を与えましたが、これこそ習近平主席のゆがんだ、偏狭的な愛国主義、大国主義、帝国主義キャンペーンに踊らされた証拠にほかなりません。

習近平主席は「新大国主義」といい、中国の新たな国家理論を提唱しはじめました。この論理は中国の世界制覇の野心をあからさまにするものです。それというのは「大国」の概念とは経済力、軍事力、政治的指導力などの「力」が他の国より優越していることを意味しているからです。戦前は「列強」あるいは「列国」の言葉を用いていましたが、習近平主席はどうやら中国を「列強」に仕立てあげたいとの野心、ありありです。

経済、軍事、外交などにおいてアメリカと対等もしくはしのぐ姿勢を公然と表明したのです。この理論にしたがえば、当然の帰結といえるでしょう。けれどその結果フィリピンやベトナムなどと摩擦を引き起こし、南沙諸島では一方的に領有化して人口島さえ建設し軍事拠点化するなど物議を醸しています。日本固有の領土である尖閣諸島についても中国は艦船を送り込み、占領を虎視眈々とねらっており、ゆめゆめ油断してはいけないのです。

このような中国の領土的野心はあきらかに覇権主義的「侵略」行為と断言せざるを得ず、「中華思想の偉大なる復興」「中華人民共和国は世界の東方に聳え立つ」の演説は単なる言葉遊びではないことを見せつけるものです。

中国政府の、相手を見くびり、居丈高で、驕慢な態度に対しておこなわれた二〇二一年四月、ワシントンでの日米首脳会談は強烈なクサビを打ち込むのに等しいものでした。菅義偉首相とジョー・バイデン大統領は会談後ホワイトハウスで日米共同声明を発表しました。声明は中国を意識していること色濃くにじんでいるのでわかります。日米同盟のさらなる強化を確認するとともに、『自由で開かれたインド太平洋』では、「日米は主権および領土的一体性を尊重し、平和的な紛争解決および威圧への反対に関与する。国連海洋法に記されている航海および上空飛行の自由を含む、海洋における共通の規範を推進する」ことを認めていきます。

これは先に述べたような、東シナ海や南沙諸島の領有権をめぐって活発化している中国政府の軍事行動、武力挑発などを念頭においたものでした。

中国・台湾問題ではさらに踏み込んで中国政府の横暴な姿勢に言及しています。「東シナ海におけるあらゆる一方的な現状変更の試みに反対する。南シナ海における中国の不法な領有権主張および活動への反対を改めて表明する」「航行および飛行の自由が保証される、自由で開かれた南シナ海における強固な共通の利益を再確認する」ことを明確にしめし、中国政府の不法不当な行為には裁判を辞さない断固たる手段で臨むことをしめしています。そのため日米は国際協力では「クアッド」とも連携をはかり、共同して対応することでも認識が一致します。

「自由で開かれた、多様で繁栄するインド太平洋を構築するため日・米・オーストラリア・インドを通じて同盟国やパートナーと引き続き共働する」としました。

日米共同声明は中国に対する日米の強固な意志と同一歩調で臨む姿勢を内外にアピールしたものです。案の定、中国政府はただちに反応をしめし、「強固な不満と断固とした反対を表明する」「中国政府は国家主権と安全、発展と利益を断固として守る」として日米の包囲網に対する対抗姿勢を表明します。

南シナ海や南沙諸島などの領有権問題は中国政府および中国海軍の海洋進出のたくらみが背景にあること明白です。中国は人民解放軍に代表されるように伝統的に陸軍が軍事的主流でした。これは基本的に現在も変わりありませんが、急速な経済の拡大成長、国力増強に比例して海軍力が強化されてゆきました。これは経済発展にともなって資源の海外依存度が高まるとともに資源獲得が急務となり、海外進出が加速したからです。

航行の安全確保には海軍の支援は欠かせません。中国政府は海軍力の弱点を補完するため航空母艦「遼寧」などを建造し、強化をはかるのはこのためです。けれど海軍力強化は実質的に侵略的体質を含んでいます。東シナ海の狭い海域にとどまっているならさして海軍力の強化は必要なく、まして空母など無用なはずでしょう。にもかかわらずこれを保有するということは東シナ海よりさらに太平洋進出への野心をあらわにしたものと理解してよいでしょう。

覇権を太平洋にまで膨張させる態度は本質的に中国政府とは侵略的野望を有する国家にほかならないということを物語るものです。こうとわかれば習近平主席が江沢民主席に勝るとも劣らない反日・侮日家であり、わが国に対する歴史認識を追及してやまないのも理解できるでしょう。

習近平主席は二〇一四年三月、ドイツ訪問中、「南京事件では旧日本軍が三〇万人以上を虐殺した」、あるいは「日本の侵略戦争で中国人一三五〇万人が死傷した」など日本批判を繰り返し、日本のダーティーなイメージ操作に躍起でした。もちろんこれだけではありません。日本が太平洋戦争に敗れ、一九四五年九月三日、戦艦ミズーリ号甲板で降伏文書に調印した日をわざわざ選んで「抗日戦争勝利記念日」を制定し、さらに人民大会堂でおこなった演説ではこのように述べ、日本おとしこめに懸命なのです。

「日本の軍国主義による侵略が中国とアジアの人びとに悲惨な出来事をもたらした」「軍国主義による侵略の歴史を深く反省することが中日関係の発展をもたらす」

習近平主席の意図はしかし見え透いています。旧日本軍の行為や歴史認識を言いつのることで被害国中国の正当性を強調し、国際社会に中国の穏健イメージを醸成するということです。けれどはたしてそうでしょうか。中国政府は戦争犯罪などとはまったく無縁な、潔癖で完全無欠な国家であるとおっしゃるのでしょうか。だとすればじつに片腹痛いはなしであり、笑止千万といわざるを得ません。敗戦直後、満州国の日本人居留民に対しておこなった中国人の略奪、放火、暴行、婦女子への凌辱。さらには人民裁判という名による強制連行、拷問、虐殺――。

繰り返された中国共産党政府によるかずかずの反人道的蛮行は知らないとでもいうのでしょうか。自分たちに不都合な事実については隠蔽し、あくまでシラを切る。これが中国共産党政府の実態です。してみれば満州国を「偽満州」と称し、「侵略」「植民地」「傀儡」説をいいふらす中国政府の論理がいかに根拠のない、欺瞞であるか理解されるはずです。

侵略篇

第一章　日本は満州を侵略したか

（一）日本は本当に満州を侵略したのか

中国政府がしきりに挙げつらい非難するように、日本は本当に満州に侵略し、武力を行使し、力づくで奪い取ったものであったのでしょうか。

もちろんこのような事実はまったくありません。したがって中国政府が言う侵略説は根も葉もない作り話といってよいのです。理由はいくつかありますが、これよりいおい述べますのでここでは二点だけ挙げておきます。

まずひとつは、満州における日本の権益は日露戦争に勝利し、この後に調印された日露講和条約によって日本がロシアから譲渡された合法的権利であったというものです。日露講和条約第五条ではこのように定めています。

「ロシア帝国政府は清国政府の承諾を以て旅順口、大連並びにその付近の領土および領水の租借権および租借権に関連しまたは前記租借権がその効力をおよぼす地域における一切の公共営造物財産を日本政府に譲渡移転す」

ふたつめは、満州国が独立した一九三二年三月当時、「侵略」に関する国際的定義は確立しておらず国家間の共通認識は存在しなかったというものです。そのためなにをもって「侵略」と規定するのか不明瞭だったのです。「侵略」の定義が国際的公約として規定されたのは一九七四年十二月に開催された国連総会で、ソ連代表の発議によって採択されたのです。これらの理由だけでも日本は満州を侵略した事実がないこと、明白なのです。

それにつけても中国政府は日本に対してなぜ執拗なまでにネチネチと歴史認識問題をしかけてやまないのでしょう。そのやり口はしかも非常に陰湿ですらあります。ある種のいびりだからです。問題解決のために堂々と議論を交わし、ともに真実を追究して着地点を見いだすとの前向きさなどまったくない、むしろ真逆さです。難癖をつければ日本は反論のしようがない。これをいいことにいびりまくり、そしてゆすりたかりに利用する。中国政府の歴史認識問題の提起とは結局このためであり真実をもとめるなどさらさらない、脅迫のネタに利用しているにすぎないのです。
このようにとらえれば歴史問題が解決してもらっては困る。かえって永遠に続いてもらったほうが好都合、という事情がおわかりいただけましょう。中国政府にとって歴史認識問題は日本との外交交渉を有利に導くうえで、あるいはカネ、モノをせびり取るためのジョーカーだからです。

こうまでされればいかにおとなしい日本人でも不審に思わないはずがありません。なぜこうまで中国政府は傲慢なのか、日本政府は押されっぱなしなのか、と。同時にどうやら背景には村山富市首相の、いわゆる「村山談話」が大きく影響していることにも気づくはずです。

(二) 村山談話は国家的禍根

「村山談話」はまさに国家的禍根といわなければなりません。あやまったメッセージを中国政府に送ったがために日本国民は未来永劫謝罪と償いを負わなければならない原罪を背負わされたからです。

村山首相は革新政党といわれる社会党出身の衆議院議員でした。彼が首相に就任したのはいわば棚から牡丹餅のようなものです。万年野党といわれた社会党には自民党に取って変わり得るだけの議員数も政権担当能力も皆無だからです。それが可能になったのは、社会党の力量が増したのではなく、一九九三年十一月に実施された第四〇回衆議院選挙で自民党が過半数の当選者獲得に失敗するという、相手の失策によるものでした。

とはいえ社会党が過半数を獲得し、単独政権を勝ち取ったわけでもありません。自民党との連立政権で得たものです。過半数割れに追い込まれた河野洋平自民党総裁は社会党との連立を模索します。ところがこれに待ったがかかります。自民党総裁経験者の海部俊樹が、「社会党の委員長である人物を首班にするなど支持できない」として反対したのです。

自民党と社会党は水と油。思想も理念も政治的信条もまったく異なり、ともに相入れざる政党なのです。とりわけ労働組合を有力な支持基盤にしている社会党は「日米安保条約反対」「自衛隊違憲」「非武装中立」「憲法改正反対」「憲法九条堅持」などを党是としており、護憲派を金看板にしている政党なのです。

自民党は海部を擁立し首班指名に臨みますが決戦投票の結果、海部票より村山票が獲得数を上回り、村山富市は一九九四年六月、第八一代内閣総理大臣に就任しました。

敗戦直後の一九四七年五月、社会党出身の片山哲内閣発足以来四七年ぶりの、社会党出身首班内閣の誕生です。

これだけでも驚きなのに政権政党になったとたん社会党は従来の政治スタンスを見直し、日米安保条約容認、自衛隊合憲など、同党の伝統的金看板をあっさりとくつがえす転換を断行したのです。人びとはびっくり仰天、あっけにとられたのは当然でしょう。もっともこの改革は社会党のそれまでの政治スタンスがいかに時代錯誤であり、国民の意識や利益から掛け離れたひとりよがりの政党であったかを証明するものでもあったわけです。

一九九五年八月十五日、村山首相は第二次世界大戦終結から五〇年が経過したのを節目に「戦後五〇周年記念日にあたって」と題する声明を発表します。いわゆるこれが「村山談話」です。この声明で村山首相はわが国が侵略行為や植民地支配をおこなったとして次のように述べています。

「植民地支配と侵略によって多くの国々、とりわけアジア諸国の人々に対して多大の損害と苦痛を与えました。私は未来に誤ちなからしめんとするがゆえに、疑うべくもないこの歴史の事実を謙虚に受け止め、ここにあらためて痛切な反省の意を表し、心からお詫びの気持ちを表明いたします。また、この歴史がもたらした内外すべての犠牲者に深い哀悼の念を捧げます」

村山談話は閣僚会議に諮られ、全会一致で採択されたものです。じつは村山首相は談話発表に先立って同年五月、現職の首相としては初めてとなる中国の盧溝橋およびそこに建てられた『中国人民抗日戦争記念館』を訪問していたのです。盧溝橋とは日中戦争の端緒となった盧溝橋事件の現場のことです。一九三七年七月、北京郊外の盧溝橋付近で日本軍と中華民国軍とが武力衝突し、戦火は次第に中国北部から中部へと拡大してゆきました。

事件発生当初日本は「北支事変」と呼んでいました。中部まで広がる九月ごろになると「支那事変」と称するようになります。太平洋戦争突入後になると「日華事変」とも呼ぶようになり、戦闘形態の変容に平行して名称も変更されたようです。

もっとも日中戦争は「戦争」ではないという声もあります。日中戦争は「宣戦布告なき戦争」であったというのが理由です。戦争とは武力による国家間の軍事行動を意味し、国際法では「宣戦布告」によって正式に「戦争」と認定されます。したがって宣戦布告がおこなわれていない武力衝突は「事変」と称して区別しているのです。とはいえ宣戦布告したかしないかの違いだけであり、どちらも犠牲者をともなう点で大差ないはずです。事変というといかにも小規模の戦闘で被害も局地的。戦争というと大規模で被害も甚大との印象を持ちがちですが、事変は軽微、戦争は重大、このようなことはあり得ないのです。

村山首相の盧溝橋訪問では日中戦争でとった日本の軍事行動の謝罪があったこと想像にかたくありません。つまり彼の中国訪問は日本の謝罪のための行脚であったということです。中国訪問から帰国後の翌六月、衆議院本会議の場に提出された「歴史を教訓に平和への決意を新たにする決議」（不戦決議ともいいます）が決議されたのがこれを裏付けます。

村山談話はこのような一連の政治的流れの延長にありました。当然、中国政府も村山談話を承知しています。むしろニンマリとほくそ笑んだに違いありません。江沢民主席の足取りも心も軽く、うきうきした心持ちで日本に乗り込んで来たことでしょう。日本を責め立てるのにこれ以上ない恰好なゆすりたかりの材料をもたらしてくれたのですから。彼が宮中晩餐会で日本の歴史認識問題に言及したのも、記者会見で踏み込んだ発言を繰り返したのも村山談話が念頭にあったからに相違ありません。江沢民主席は村山談話が発表された三年後に来日していました。

村山談話は江沢民主席の反日・侮日感情を増長させ、高飛車に出る好材料になったこと疑いないところです。これだけでも村山談話はきわめて憂慮すべきものですが、このうえさらに由々しきことは、日本国民はぬぐってもぬぐいきれない原罪を負わされてしまったということです。中国やアジアの国々に対して日本国民は未来永劫、世代を継いで罪と罰を背負いつづけ、懺悔と許しを乞わなければとする誤ったメッセージを発してしまったのです。

村山談話は発表後、日本政府の公式見解とあつかわれるようになるため国民の精神的負担はいっそう重く、トラウマとすらなって自縄自縛に陥るほどです。けれど誤ったメッセージは正さなければならず、けっして黙過してよいものではありません。このことを明確に伝えなければ日本国にとっても満州国にとっても歪曲された歴史認識を相手方に抱かせることになるのです。それでもなお中国政府が日本を侵略者あるいは植民地主義者と非難するなら、ロシアをこそ非難すべきであると反論し、逆襲すべきでしょう。

(三) ロシアこそ侵略者

ロシアこそ侵略者です。満州の軍事占領はロシアが発端だったからです。一六五二年、領土問題をめぐって早くもロシアは清国政府に戦争を仕掛けているのです。武装したコサック部隊が清国領内に侵入して黒龍江沿岸に居住する満州族をことごとく追放したうえ黒龍江と松花江が合流する地点にハバロフスク城砦を構築し、満州を占領してロシア領としてしまうのです。

これを契機にロシアと清国との紛争は絶え間なく繰り返されてゆきます。一六五八年九月、ロシアはネルチンスクに城砦を築き、つづいて一六六五年にはアルバジンカ城を再構築しているのです。この再構築は、さきに述べたハバロフスク城砦を拠点に満州北部の開発に乗り出したロシアの不法行為に激怒した清国皇帝康熙が討伐隊を派遣し、ロシア軍が駐留するアーチャン城砦を急襲し、破壊されたことによるものです。

ひたすら満州進出をたくらむロシアは満州領土をじわじわと侵食し、その手をゆめることはありません。もちろん清国とて傲慢なロシアを許すはずがありません。一六八九年八月、康熙帝はふたたび反転攻勢に打って出ます。薩布素率いる清国の大軍団はロシア軍が陣取るアルバジン城砦に総攻撃をかけドルブジン司令官率いるロシア軍を制圧してネルチンスクに押し返したのです。

ロシアはこれで清国に和睦を申し入れ、翌九月ネルチンスク条約を結ぶのです。条約締結でロシアは黒龍江の支流であるアルバダン江から外興安嶺にいたるラインをもってロシアと清国との国境と決定します。同時にロシア人の黒龍江の自由な航行往来も全面禁止の措置もとられました。

ロシアがこうまで譲歩したことはアルバジン戦争は敗北であったのを認めたことに等しいものです。とはいえロシアの北東アジアへの南下侵出がこれでとどまるものではありません。ロシアは不凍港をもとめてアジア、さらには北太平洋への進出が長年の悲願だからです。

ロシアは酷寒の地。なにしろシベリアには七十数万年も前の氷河時代の凍土が「永久凍土」といわれて現在でも残っているぐらいなのです。冬季期間中は分厚い氷結に港湾は閉ざされ船舶の航行はほとんど不可能。季節に関係なく、一年中使用できる不凍港は是が非でも手に入れたいところです。

一八五〇年のニコライスク城砦、つづいて一八五三年のアレキサンドロフスク城砦の建設はこの端緒を開くものでした。ロシアのニコライ一世は一八四七年にムラビヨフを東部シベリア総督に任命し、シベリア開発を促進するとともに水路の確保と調査を口実に派遣し、ふたたび黒龍江の占領を画策するからです。黒龍江は満州北部からオホーツク海にそそぐ大河です。この水路調査は不凍港を求めてオホーツク海進出を狙ったものであることはあきらかです。

黒龍江の水路をたどってオホーツク海に進出したムラビヨフ総督は黒龍江のオホーツク海河口に前出のニコラエフスク城砦を建設し、不凍港の確保を実現します。ここを拠点にムラビヨフ総督の食指はさらに南方に伸び、ロシア大陸と樺太をへだてる間宮海峡を発見し樺太に上陸。この後北樺太にアレキサンドロフスクを建設し、樺太および千島列島の一部を占領してしまうのです。

一八〇八年七月、間宮林三はふたたび樺太を探検し、樺太はロシア大陸と陸続きではない、切り離された島であることを発見するのです。ロシア大陸と樺太を隔てる海峡が間宮海峡と命名されたのはこのためです。ロシアの南下計画は満州だけでなく日本も標的にするものでした。間宮海峡の存在を知り、樺太にアレキサンドロフスクを築いて南下計画に弾みをつけたロシアは宗谷海峡を越えていよいよ日本領の蝦夷地、現在の北海道に進出してきます。

(四)ロシアの領土的野心は日本にも

ロシアはこれより以前から北海道に上陸し、アイヌとの交易をかわしていました。ロシアの、シベリア東進と満州、北海道の南進はセットですすめられたものだからです。ロシアのエカテリナ二世は対外進出を積極的に推し進め、北海道東部の厚岸にロシア船を派遣し、松前藩に通商交易を要求するのでした。けれど松前藩はこれを拒否します。松前藩は徳川家康から黒印状が交付され、アイヌとの交易が認められています。支配領域も北海道南部だけであったものから次第に北海道全体に拡大し、アイヌとの交易も独占します。

ロシアは千島の択捉島にも上陸し、アイヌとの交易を交わし、これを足掛かりに北海道進出を着々とすすめ、すきあれば占領を、と目論んでいます。択捉島は一七九一年五月、幕府派遣の最上徳内が同島に上陸し、すでに日本領とされているのです。そこにロシア人が無断で侵入したので幕府は一七九八年七月、近藤重蔵を択捉島に派遣し、「大日本恵登呂府」の標柱を建て、択捉島は日本固有の領土であることをはっきりと示すのです。

一七九二年九月には、ロシアはラクスマンを国の使節団として日本に派遣します。このとき一行のなかに伊勢の漂流民でロシアに保護された大黒屋幸太夫らもおり、根室に来航します。翌年六月再来航したラクスマンに幕府目付役の石川忠房が対応し、漂流民の引き渡しに謝意をしめすものの交易問題はすべて長崎ですべしと通告し、きっぱりと断わるのでした。

幕府の拒否にもかかわらずなおもロシア船は来航し、頻繁に日本と接触をはかります。幕府がこれを不審に思うのは当然でしょう。何やら下心があるに違いない。純粋に交易だけが目的ではない。本当の狙いは交易を突破口に北海道の占領ないし植民地化ではないか、と。ロシアの南下を脅威とみた幕府は津軽藩、南部藩などに派兵を命じ、北海道の防衛強化をはかるのでした。

案の定、幕府の杞憂は的中。ロシアは衣の下に隠していた鎧をあらわにしはじめました。ロシアは幕府の指示にしたがって一八〇五年三月、レザノフを長崎の出島に派遣し、日本側に通商を迫ります。むろん幕府はこれを拒否しました。鎖国政策を執っていたからです。たびかさなる日本の拒否でロシアの体面はまるつぶれ。忍耐も限界に達していたかも知れません。だからロシアはついに正体を暴露したのです。

一八〇六年九月ロシア船は樺太に上陸し、武装したロシア人がクシュンコタンの松前藩会所を襲い、警備に当たっていた番兵を人質に連行したのがそうです。つづいて翌年四月、ロシア船はまたも樺太および択捉島に上陸し、松前藩の会所を武力で襲撃します。

さらに翌五月には利尻島にも進出し、幕府の御用船に火を放ち、焼き打ちを仕掛けてきます。そして六月にはいよいよ彼らは正体をあらわします。人質に捕った番兵の引き渡しを条件に通商交易を迫り、拒否すれば本格的な武力行使も辞さずとの脅迫をかけてきたのです。

これらの暴力的振る舞いは明らかに通商交易を拒否しつづける日本に対する報復で

あり、まさしく力づくでねじ伏せようとするロシアの粗暴な本性、ここに見たりです。けれど日本とてロシアにあなどられてなどいません。太平洋の片隅にちょこんと浮かぶ、トウガラシのような形をした島国なれど、れっきとした独立国家。国家の尊厳、民族の気概はうしなっていません。一八一一年六月、松前藩奉行所のクナシリ会所詰役人であった奈佐政辰はクナシリに不法上陸するロシア艦隊のゴローウニン艦長の身柄を拘束したのです。

艦隊の最高指揮官が敵側に捕らえられるとは間抜けなはなしですが、ロシアも当然この事態を憂慮。提督が逮捕されるとは軍事的にも政治的にもメンツにかかわります。そこでロシア側が執ったのはまたしても報復措置でした。ロシア船長リコルドがクナシリ海上で高田屋嘉兵衛を捕らえてロシアに連行したのです。嘉兵衛は幕府直轄の北海道開発事業を一手に請け負っていた開発業者でした。

交渉によってゴローウニン提督の解放を求めるという平和的手段を執らず、あくまで武力と恫喝で解決をはかろうとするロシアの粗野な体質がここでもあらわになります。連行されたのちリコルド船長の説明で事情を理解した嘉兵衛は拘束の解放と引き換えに今度は自分から日露間の調停役を買って出て紛争解決に奮闘するのです。

嘉兵衛はリコルドとともにクナシリ会所に赴き、奈佐政辰らと折衝をかさね、ようやくゴローウニン提督の釈放実現にこぎつけたのです。さらにこの折衝では日露間の懸案であった国境策定についても話し合われ、日本側の領土は択捉島までとし、ロシア側の領土はシルシム島までとして両島の中間にあるウルップ島は中立地帯とすることで妥結し、円満解決を見たのです。

ロシアの日本戦略はもちろんこれで終わったわけではありません。ロシアはまたしても腕力外交を見せつけるからです。アメリカ東インド艦隊ペリー提督が軍艦四隻を従えて一八五三年六月浦賀にやってきてフィルモア米大統領の国書を幕府に手渡します。

国書は日本の開国を強く迫るものでした。国書を渡したペリー提督は返答を得るため再来日を約束して七月、いったん日本を離れ、琉球方面に南下してゆきます。この直後です。まるでペリー離日を待っていたかのようにロシアはただちにプチャーチンを使節団長として五一の軍艦を長崎に派遣し、開国を迫ったのです。

プチャーチン使節団はいったん日本を退却しますが日米和親条約締結の報告に接するとふたたびロシアはプチャーチンを日本に急派し、米国より九ヵ月ほど遅れて一八五四年十二月、伊豆下田において日露和親条約を結びます。締結が遅れたのは十一月に襲った大地震で下田に停泊中のロシア船ディアナ号が津波で沈没するなどのアクシデントがあったからです。

和親条約の締結交渉で日露両国の領土問題が再び提起され、ゴローウニン提督釈放時に決定した国境線の見直しをロシアは迫ったのです。この結果、択捉島までとする日本側の領土に変更はなかったのですが、中立地帯であったウルップ島をロシア側の領土とすることを容認したため国境は択捉島とウルップ島とのあいだ、すなわち択捉海峡を日露両国の国境とさだめたのです。実質的にこれは日本側の譲歩です。樺太は日露両国の雑居地とすることで合意されます。

不凍港獲得ではじまったロシアの南下政策は日本との和親条約締結で貿易関係にも活路が開かれ、新たな市場を獲得するとともに太平洋および東シナ海進出の拠点造りにも成功し、海洋進出の野心をいっそうたくましくさせるのです。

(五) ロシアの満州占領

一八五八年五月、黒龍江でおこなわれた露清間の国境策定交渉はそのひとつだったでしょう。同交渉はロシア外交の老獪さをまざまざと見せつけるものでした。つまりこの交渉でロシアはウスリー江および黒龍江の権益を独占したうえに沿海州を設置し、満州の東北端を自国の領土に編入してしまうからです。

露清交渉にあたったのはプチャーチン提督でした。彼は四年前の日露講和条約交渉で日本に不平等条約を押し付けた人物です。またも同じ手法で強硬に交渉を推し進め、清政府もはやこれを跳ね返すだけの余力はまったくありません。アヘン戦争敗北以降、上海、香港、天津など次々と開港を余儀なくされ、欧州列強のかっこうな草刈り場となり、半植民地化しています。

このうえ国内治安も乱れ、雲南地方ではイスラム教徒が武装蜂起し、湖南・広西地方では瑶族が反乱に立ち上がります。一八五一年一月には清政府打倒を公然と掲げた太平天国の乱が勃発し、たちまち南京を攻略するほどに勢力を拡大させ、南京を首都天京と改めるいきおいでした。ロシアは清国の弱体化に乗じ、老獪なプチャーチンを清国に派遣して領土問題を迫ったのです。

プチャーチンは清政府を代表する将軍奕山との交渉に臨みます。奕山は黒龍江一帯の防衛維持にあたっていた指揮官でした。両者の交渉は以下のように妥結します。黒龍江左岸はロシア領とし、右岸は清国領とする。黒龍江の航行権は両国の艦船のみに限定する。両国間の水上貿易を認める。左岸に居住する清国人は三年以内に右岸の清国領内に移転する。ウスリー江から日本海にいたるあいだの地域は露清両国の共有とする。

交渉は黒河省瑷琿でおこなわれたことから「瑷琿条約」といわれます。一八五八年五月清政府はこの条約を締結します。ただし批准は保留しました。当然だったかも知れません。清政府にすればロシアの要求はまるごと飲まされたに等しい不平等条約だったからです。批准しようものなら後々取り返しのつかないことになりかねません。批准とは、条約に対する国家の最終的な同意を確定するものですから批准によって生じる事後の問題を熟慮すれば慎重にならざるを得ません。清政府はだから批准を差し止めたのです。

ところがロシアは清政府の批准などにかまわず占領の既成事実化をはかります。プチャーチン提督は本性を現わしたのです。沿岸地域を測量し、十二月にはアムール州を設置してしまい、アムール河口をピョートル大帝湾と名付けてしまうのです。ロシアはさらに一八六〇年八月にはウラジオストクおよびポシェットを占領し、同時にウスリー江および黒龍江の下流に対し、清国人が航行するのを全面的に禁じ、締め出してしまうのです。

これはのちの義和団事件後の一八九九年七月のことになりますが、瑷琿ではこのほかにもロシア軍によって五〇〇〇人ともいわれる清国人が虐殺されるという中国政府にとって耐え難く、永久に記憶されなければならない歴史的教訓があるのです。一八八一年二月のサンクトペテルベルグ条約締結ではロシアに新疆地域まで奪われています。

一八九八年六月にはロシアは清政府と遼東半島租借条約を結び、念願であった不凍港獲得にさらなるはずみをつけるのです。この租借条約では商港を築いて黄海から東シナ海への航行に道を開いたのです。

陸上においても鴨緑江岸に沿った鉄道建設を認めさせました。この租借条約締結は日清戦争後、遼東半島や台湾などが日本に割譲されるのを認めない露・独・仏が強硬に返還を要求したいわゆる「三国干渉」によって日本からふたたび奪い返したのを恩に着せ、清国からもぎ取ったものですから、じつにふてぶてしいものです。清政府にすれば日本からロシアにかわっただけで、遼東半島が他国に占領されていることに変わりはないのです。

かくしてネルチンスク条約やキャフタ条約などではじまったロシアの清国占領政策は二〇世紀にいたってもなおおとろえず、一九六九年三月にはウスリー江のダマンスキー島や黒龍江のゴルヂンスキー島などで国境線をめぐる中露両軍の武力衝突が発生し、多数の死傷者を出すなど事態はますます悪化してゆきます。そうでありながら中国政府はロシアの悪辣なかずかずの「侵略」行為にはひざまずき、口をつぐみ、日本の行為のみ執拗に追及し、責め立てるから黙過できないのです。

第二章　中国政府の満州侵略説こそ虚偽

(一)　満州は漢民族の領地ではなかった

中国政府がいまもって歴史問題を言いつのる裏には日本をいまだ「敵国」とみなしているからに相違ありません。「歴史」とは過去の事柄を指します。日本はこの過去の事柄に対する認識がたりない。つまり真摯に向き合わず、反省がたりないと中国は言いたいらしいのです。だとするならば認識がたりないのは日本ではない、中国こそである、と反論すべきです。

日本は懸案であった日中両国の戦争状態を終結させて正常化をはかる日中国交正常化のための交渉が成立し、一九七二年九月「日中共同声明」を発表します。この共同声明の第五項において中国政府はこのように確認しているのです。

「中華人民共和国政府は日中両国国民の友好のために日本に対する戦争賠償の請求を放棄することを宣言する」

これは、もはや日本は中国に対する戦争のつぐないはすべて果たした。したがって日本国は「謝罪」と「賠償」の責め苦を負う必要はなくなったという認識を中国政府は示したものです。つまり日中共同声明は過去の歴史はすべて清算された。そのため過去におこった出来事にいつまでも拘泥せず、これからは善隣友好、未来志向でゆきましょう、というメッセージでもあると、このように解釈してよいのです。

日中共同声明は日中双方の国家と国家が認め、約束した「国際条約」なのです。国同士の約束はしたがって両国の国民も当然守る義務があります。国家は国民の総意にもとづいて成立し、代表するものだからです。それにもかかわらず中国政府はいまもってことあるたびに過去の歴史を持ち出してこねくりまわし、あれこれ日本に難癖をつけてきます。

難癖は日本国民につけられたも同じです。日本国は謝罪もつぐないも果たしたということは日本の国民も同じ責任を果たしたということだからです。それを認めておきながらなおも中国政府は因縁をつけてくる。日本国民として断じて看過できません。「過去」に対する「認識」がたりないのは中国政府であり中国国民なのです。

日中共同声明だけではなく、一九七八年十月鄧小平副主席が来日して批准した「日中平和友好条約」などによっても日本と中国は『平和五原則』を基礎にして国連憲章にもとづき、「武力または武力による威嚇には訴えない」（同条約第一条）ことを確認し、平和的友好関係が結ばれたことで過去の歴史は十分に清算されたはずです。けれど、それでもなお中国政府は、満州は日本軍が侵略し、武力を用いて中国から奪い取った領土であると過去の歴史認識を言い張ります。

はたしてそのとおりでしょうか。満州は日本軍が侵略し、武力を用いて奪い取った領土だったのでしょうか。もちろん答えは否です。日本軍は武力で満州を奪った事実はまったくありません。これからその理由について述べますが、それに先立ってあらかじめ伝えておきます。むしろ中国政府の満州侵略説こそ事実を故意に歪曲した虚偽である、と。

満州を日本の領土とした。これはまぎれもない事実です。満州を掌握し、そこで生み出されたかずかずの政治的、経済的権益を獲得したこともまた事実です。ただし満州は侵略して奪い取ったものでもなければ、まして中国から奪い取ったものでもありません。なぜかといえば理由は二つあります。

満州を日本の領土としたのは日露戦争後に締結した日露講和条約によって獲得した

合法的かつ正当な権利を行使した結果であり、条約締結の過程において当時の清国政府にも条文の確認を求め、同意を得て結ばれた条約であり、けっして清国政府ぬきの頭越しでこそこそと決めたものではない、というのがまずひとつです。

ふたつめは、満州は元来漢民族とは民族的にも政治的文化的にも相いれない、まったく異なる国家であったということです。したがって満州は中国の領土ではなかったのです。その証拠が万里の長城です。万里の長城は紀元前七七〇年ごろの春秋時代から築造が始められましたが、飛石的であった長城を秦の始皇帝が一本につなぎ合わせ、西は西海関から東は玉門関までおよそ二四〇〇キロメートルにわたる城壁を完成させます。

城壁構築の目的はモンゴル族や満州族など北方の異民族などの漢土侵入を防御するためでした。この防御措置は一六四四年三月、満州族の手による清国政府が成立したのちにいたっても続けられ、清国政府は満州を「封禁の地」と定め、漢民族の移住、流入を厳禁したのです。このような措置を取ったのは、満州は漢民族の土地ではないということを明確に示すためです。

さらにもうひとつ、日本は満州を侵略した事実はないという理由に、このことも付け加えていいでしょう。満州を日本領とした日露講和条約を締結した一九〇五年当時、なおまだ国際的に「侵略」という定義は確立されておらず、何をもって侵略とするかの判定基準はなかったということです。

筆者がさきに、中国政府の満州侵略説こそ虚偽であるといったのはこのような根拠からです。これらをさらに説明するとこのようになります。日本が満州を領土とする契機となった日露戦争は一九〇四年二月から翌年九月にかけておこなわれた戦争であり、原因は満州および朝鮮半島をめぐる日露間の対立でした。

(二)　戦争挑発はいつもロシア

ロシアは一八五八年五月璦琿条約で黒龍江北岸を獲得したのに続いて一八六〇年十一月の北京条約で、それまで清国との共有地であった沿海州の広大な地域を占拠して自国領土としたうえ松花江の航行権を認めさせ、手中にします。ロシアの北京条約締結はドサクサにまぎれて得たいわば漁夫の利のようなものです。というのは一ヵ月前の同年十月に英仏両国と清国のあいだで結ばれた北京条約に習うものだったからです。広東港に接岸中の英国船アロー号が清国官憲の臨検を受け、船員が逮捕される、あるいはその際英国国旗が引きずり降ろされたなどとして清国政府に抗議します。ところが臨検は事実ですが国旗の件は事実ではなく、英国は武力挑発の口実、いいがかりをつけたのです。

英国は仏国に共同出兵を持ちかけて英仏連合軍を編成し、一八五八年十二月広東を占領。海路北上して天津の大沽砲台も占領して北京の中央政府に圧迫を加えます。これが一八三九年十二月のアヘン戦争に次ぐ第二次アヘン戦争でした。

連合軍が足元まで迫って来た慌てふためいた清政府は天津条約を交わして事態の収拾をはかります。けれど清政府もしたたか。英仏連合軍が退却し、脅威が取り除かれると途端に豹変し、一八五九年六月、天津条約批准のため天津から北京に向かっていた連合軍の艦隊を砲撃し、撃退するのでした。

むろん連合軍が報復に出るのは当然です。今度は二〇〇隻の大艦隊を率いて北京に迫り、上陸した地上軍は円明院をことごとく破壊します。同院は清国の聖帝といわれる康熙帝らが築造した豪華絢爛な離宮でした。金銀でほどこされた離宮はまさに清王朝の栄華、権威を象徴するがごときものであり、園内には属国から献上された財宝が陳列されていたといいます。英仏連合軍の兵士はこれを略奪したうえ建物も破壊して証拠隠滅をはかります。

反撃に出た英仏連合軍の大軍団の北京急迫に恐れをなした清皇帝咸豊は熱河の別荘にそそくさと逃げ出し、異母弟の恭親王に交渉を委ねるありさまでした。ここで交わされたのが前出の英仏清による北京条約です。主要な点だけ記すと、一、天津および漢口、九江など一一ヵ所の開港。二、外国人の商業活動の保証ならびに自由な内地旅行権。三、外交使節の北京常駐権。四、九龍半島の英国割譲。五、公文書に外国に対する蔑称である「夷」の使用禁止。六、アヘン貿易の合法化。

仏国に対してはこのほかキリスト教の布教権でも合意します。北京条約はご覧のように清国に対し開港、治外法権、関税の自主権放棄、領土の割譲などを呑ませる、はなはだ不平等な条約といえます。条約締結は清国に、世界の中心とする尊大な中華思想ではもはや国際関係は立ち行かないことを痛感させるものでした。

琉球、朝鮮、ベトナムなどとの周辺属国との特権的朝貢貿易関係の改革を迫り、国際秩序にしたがった開国近代化を要求するものでした。けれど清政府にとって開国近代化は列強の権益拡大、植民地化を容認する両刃の剣でもあり、劇薬です。けれど列国が要求したのは劇薬のほうでした。

ロシアも例外ではありません。むしろロシアのやり方は狡猾です。英仏との条約交渉の労をとった見返りに自国との条約を有利にすすめたからです。清政府は英仏連合軍の戦闘やこの後の敗北、北京条約締結などで財政負担もかさみ政情不安が露呈します。

この混乱に乗じてイグナチェフ北京駐在ロシア公使は調停の代償として英仏に続いて同じく北京条約を結び、なんの犠牲もともなわず、まるで濡れ手に粟のような手口で広大な沿海州地域をまんまとかすめ取るのに成功します。ロシアはこれで極東地域に不凍港を築き、満州およびアジア進出の機会をうかがうのでした。じっさいウラジオストクの軍港建設に着手し、太平洋艦隊の根拠地とするのです。

北京条約で清国進出の足掛かりを得たロシアは中央アジアへの進出も加速させます。イスラム系民族に圧迫を加えて天山北路一帯を軍事制圧し、清国の西域地方を脅かすのです。さらに一八七七年四月に発火した露土戦争でトルコを撃破するとバルカン地方進出に突破口を開くいきおいです。

東部地域においても同様です。ロシアはシベリア開発に乗り出し、一八九一年五月、ロシア皇太子が臨席するなかシベリア鉄道建設に着手します。ウラル山脈に近いリアビンスクから日本海のナホトカまで、シベリア平原を横断して東西をつなぐ鉄路はおよそ七六〇〇キロメートル。まさに壮大な大プロジェクトです。鉄道建設は物流の円滑化をはかるためですが、ロシアの場合はそれ以上に東洋進出を目的とした軍事的戦略的狙いがあります。

かくしてロシアは西は天山地域、東は沿海州、東西両面から清国を脅かします。これは日本にとっても同じく脅威的存在です。極東地域に軍港や鉄道を築き、陸海両方から満州進出に拍車をかけたロシアは朝鮮半島進出をも狙い、利権争奪にからんできたからです。日露戦争はこれが惹起要因でした。そのためこれらの事実からわかるのは満州占領にせよ日本に対する戦争挑発にせよ仕掛け人はいつもロシアであった、ということです。

(三) 清国の国際条約認識不足

一九〇四年二月十日、日本はロシアに宣戦布告し日露戦争の火ぶたを切ります。日露戦争はさきに述べたようにロシアの満州や朝鮮半島の介入による利権争奪が原因でした。具体的には主として二つの要因が挙げられます。

日清戦争で獲得した朝鮮における日本の権益が三国干渉によって抹殺されたのに乗じてロシアが朝鮮に介入し、親露派政権の樹立を目論んだことがまずひとつ。ふたつめは、義和団事件収束後もなお満州に大軍を駐留させ、日本の再三の撤兵要求にもかかわらず拒否し、事実上満州占領を既成事実化して日本に圧力を加えてきたことです。日露戦争はしたがって日清戦争の延長にあったといえます。そのため日清戦争にも触れなければ日露戦争の真相が理解できないものです。日清戦争は朝鮮半島で発生した東学党の反乱鎮圧に派兵した日清両国の、鎮圧後の朝鮮の内政改革をめぐる見解の相違を背景として引き起こされたものです。

発足間もない明治新政府は一八七〇年八月、柳原前光外務権大丞を清国に派遣して国交交渉にあたらせ、翌年の七月、全権大使伊達宗城は北京において日清修好条規に調印します。続いて同年九月には通商協定も締結されて日清両国の国交が成立します。日本の国際的な外交デビューはここに始まったといえます。清国にしても同条規が対等な立場で締結した初めての国際条約といえます。これまで欧米列国と交わした条約はいずれも清国が一方的に譲歩する不平等条約でした。けれど日清修好条規では両国の外交使節団の常駐、領事裁判権の相互承認、両国の領土不可侵などを認め、相互互恵の精神に則った条約でした。

日本も清国と同様に、徳川幕府時代に交わした欧米列強との不平等条約で不利益をこうむっており、近代国家の一員として国際社会に加わるうえでいかに条約が国家の存立にかかる重大なものか痛感していました。維新成立後明治政府は岩倉具視使節団を派遣して欧米のすぐれた産業技術、法律、政治体制、議会、教育などを視察するとともに不平等条約の改正に臨みます。けれど米国の拒否などで実現しませんでした。

この後も日本は米英仏などと条約改正をかさねるものの難航し、領事裁判権が撤廃されたのは一八九四年七月、日英通商航海条約によってでした。ただしこれでもまだ英国は重要な品目の関税については片務的税率を維持するとしてゆずらず、関税自主権の完全回復が実現するのは結局日露戦争後の一九一一年三月まで待たなければならなかったのです。

もっとも清国の場合、日本とやや事情がちがいます。不平等を不平等と認識していなかった面もなくはありません。アヘン戦争の敗北で国土は外敵に侵食されたうえ宗主国としての清王朝の権威、威厳も失墜し、お天道様の動きにたとえれば日没前の黄昏どきに差しかかっています。

のちに詳しく述べますが、これが完全に没落するのは日清戦争の敗北で清王朝の朝貢体制が瓦解したときです。没落寸前にありながらそれでも清政府は、不平等条約はけっして譲歩ではない、「西夷」に対する大国としての恩情であり抱擁政策だとの認識だったのです。

けれど列強の条約締結の目的がなんであるかを正確に理解したうえでなお寛容な対応をしたのならそうともいえますが、そうではなかったのです。単純に国際情勢に疎く、国家間の条約が自国存立にいかに重大な意味を持つかについて無知だったにすぎないのです。

(四) 清王朝の朝貢体制に亀裂

列強は条約締結を機会に市場開放を求めることに加えて清王朝の伝統的朝貢体制にクサビを打ち、周辺国との宗属関係を切断するという狙いも秘めていたのです。けれど清政府は、世界の潮流は確実に欧米列国の帝国主義的領土拡大、市場拡大にむかって形成されていることを知らず、あるいは理解しようともせず、伝統的華夷思想のなかでいまだ惰眠にふけっていたのです。

不平等条約締結は中華思想の優位性のあらわれでも恩情でもないのです。その証拠が一九一二年一月に成立した中華民国政府は清政府時代に締結された条約が不平等であることから列国に対して条約改正を再三要求するなど対応に苦慮したことです。中華民国政府の要求によって一九二八年七月、米国は中華民国を承認し、同時に関税の自主権も認めて返還します。つづいて十二月には英国も関税の自主権を返還し、一九三〇年五月、日本も同じく関税の自主権を中国政府に返還します。

日清修好条規調印から六年後の一八七七年十月、清政府はようやく何如璋を駐日公使として日本に派遣します。この空白期間は何を意味するのか。朝貢政策によること疑いありません。だいたいなら調印によって外交関係が結ばれたのであり両国の往来は活発になってよさそうなものです。日本は事実そうなり、政府官吏、商工業者、学術関係者など官民ともにさかんに渡航し、文物の交易も増加します。ところが清国からの渡日頻度は低調でした。

日本と清国とのあいだに朝貢関係はなかったが、それでも清国から見た日本は「東夷」に属し、取るに足らない「蕞爾島夷」にすぎず、軽い存在でした。日本からの訪問は許容するが、「東夷」に公使を派遣し、「東夷」のご機嫌をうかがうなどもってのほかということです。

森有礼と李鴻章のあいだで沸騰した「衣冠論争」は近代化に対する清国の立ち位置を示す格好なエピソードです。森有礼は一八七五年駐清公使となり、国際情勢について清政府の認識を質すため李鴻章直隷総督を訪問します。

李総督は日本の近代化に理解を示すもののそれでもなお疑問はぬぐえず、衣冠問題を引き合いに、古来からの伝統的な衣服を否定し、欧風の模倣に拍車をかける日本の行動は理解しがたいと批判し、矛盾を指摘するのです。

「和服は労働に適したものとはいえず、今や時代遅れです。和服から新式の服に替えれば動きも自由になり、わが国の利益にかなっておりまったく矛盾しません」

森公使はこのように説明しますが李総督は納得せずなおも執拗に追及します。

「衣服は祖先の遺産であり、子孫は永遠に伝統を引き継ぐべきであろう」

「伝統を捨てて欧化にならうのは独立精神を放棄して欧化の支配を認めることであり、日本はこれを恥ずかしいことと思わないのか」

ことは和服か洋服かの服装問題にすぎない。けれどここに伝統か革新か、近代化か保守化か、国際化か鎖国化か、といった、日清両国の認識の差異が如実にあらわれています。

森有礼との論争で李鴻章総督は欧化に前のめりの日本をますます軽んじ、みくびります。にもかかわらずそのような日本に清政府は公使を派遣します。ただしこの派遣は両国の善隣友好をはかり、相互理解を深めるためではない、「蕞爾島夷」と見下した日本にすら朝貢体制をおびやかされ、宗主としての権威衰退がいっそう顕著になったことに対する危機感がそうさせたものでした。

清政府は琉球の日本併合で朝貢体制のますますの凋落を自覚せざるを得なくなります。琉球は朝貢貿易でうるおっていたが薩摩藩の支配を受けたことで清国と薩摩藩に服属する両属関係を保っていました。明治維新後日本政府は琉球を日本領土と定め、併合。琉球藩を設置して尚泰を華族に列するとともに外務省官吏を赴任させます。以後清国との外交は日本政府が行なうとして琉球と清国との宗属関係を断ち切ります。

琉球併合、宗属関係遮断、朝貢外交撤廃。日本政府の強硬な措置に清政府に激震が走ります。朝貢体制にいっそうの亀裂が生じたからです。いっそうといったのは、清政府は宗属関係にあったビルマやベトナムを失い、この方面での影響力は完全に喪失していたからです。

一八七四年三月、仏・ベトナム間の第二次サイゴン条約が調印され、ベトナムの阮朝政府はフランスの保護権を認めたため清国との朝貢に終止符を打ちます。かねてよりベトナム進出をはかる仏はキリスト教保護を名目に出兵し、一七八三年ベトナム北部のハノイを占領。これがさきの条約締結につながるのですが、清国は条約締結を認めません。当然でしょう。清国とベトナムは主従関係にあるのですから。

そのため清政府の意向を受けた劉永福は私兵の黒旗軍を率い、ベトナム軍とともに仏軍に反撃。阮朝政府も清政府にいっそうの派兵を要請します。黒旗、阮朝、清の連合軍でも結局仏軍の攻勢で敗走。一八八四年五月、李鴻章は仏との停戦協定に同意し、清国の後ろ盾をうしなった阮朝政府も第二次フエ条約を締結して清国との宗属関係を断ち、仏の完全な保護国となったのです。

ビルマは一八七六年九月、清国とは芝罘条約を結び、英国が要求するビルマと雲南の国境開放および国境貿易に同意します。条約締結の背後には英国人通訳殺害事件がからんでいました。英国は探検隊を派遣してビルマから雲南を経由して清国にいたる貿易ルート開発を始めます。ところが現地住民に英国人通訳が殺害されたのです。英国は事件を口実に李鴻章とさきの条約を結び、ビルマから清国の影響力を排除したのです。

第三章　清国の朝貢体制瓦解

（一）朝鮮の指導権争い

日清戦争は朝鮮半島をめぐる日清両国の指導権争奪が惹起要因でした。つぎつぎと朝貢関係が崩壊する清国にとって朝鮮だけが唯一のこされた最後の朝貢国。この朝鮮さえ日本の影響下に置かれるなど、したがって看過できないものです。

これに対し日本には、清国との朝貢体制を断ち、朝鮮を独立国家と認めて国交樹立をはかり、清国と同じ二の舞を踏まないよう欧米列国の餌食から朝鮮を防衛し、あわせて大陸への足掛かりとしたいとの思惑がありました。

日本は明治政府発足を契機に国際関係の樹立を求める国書をたずさえた使節を派遣するものの拒否されます。朝鮮はいまだ鎖国制度を執り、近代国家に不可欠な国際条約にまだ理解は深くなかった。そのため国書には清皇帝にのみ許される「皇」および「勅」の文字があり、清皇帝より日本の天皇を上位に置くのは非礼であるとして朝鮮国王大院君は拒否したのです。

大院君は「小中華」を自認するほど清王朝に忠実に服し、柵封体制を堅守していました。それゆえ日本の近代化を欧風のモノマネとみなし、軽薄さを笑うほどでした。じっさい日本はこの後も使者を送り続けますが拒否されるだけでなく大院君に「日本人はなぜ蒸気船でやってきたり、洋服を着たりするのか。そのような行為は華夷秩序を乱すことではないのか」とのさげすみさえ受けるのです。大院君の尊大な振る舞いは「衛正斥邪」の思想に根差したものでした。西欧思想を邪道とみなし、華夷思想こそ正統とする考え方です。

旧習に固執する大院君や外交交渉の行き詰まりに日本の政府内には不満が日ごとに充満します。事態打開には武力行使も辞せずとする征韓論が副島種臣、板垣退助、西郷隆盛などのあいだに高まるのはこれが理由でした。

日本はそこで対話と軍事行動の二面工作をとります。一八七五年九月、日本政府は軍艦雲揚を朝鮮に向かわせます。じつは雲揚の朝鮮派遣は二度めでした。前回は同年五月、雲揚と第二丁卯の軍艦二隻が釜山に入港したのです。黄海を経て清国の牛荘に至るまでの航路の研究というのが名目ですが、二度にわたる軍艦派遣は交渉を有利に運ぶための、朝鮮に対する明らかな示威行動です。

副島種臣の北京訪問は清朝間の朝貢関係を質し、日朝交渉に関知せずとの清政府の言質を取るためでした。清国とはすでに日清修好条規を結び、対等の立場を確認しています。今度はこれを朝鮮にも適用するのが日本政府の目的です。つまり朝鮮とも修好条規を交わすということです。ただし交わすためには清朝間の宗属関係を清算する必要があり、副島の北京訪問はこのためでした。

日本政府の硬軟二面工作は功を奏します。再度派遣された雲揚は首都京城に近い江華島に接近したところで朝鮮軍から砲撃を受け、交戦となります。江華島の朝鮮守備隊は強固でした。一八六六年九月、米商船シャーマン号が通商を求めて大同江に侵入したのを撃沈。同年十一月には仏陸戦隊が江華島に上陸したものの撃退するなどの軍事力を誇示しています。にもかかわらず日本との交戦では逆に武器弾薬をほうり出して逃走するありさまでした。

これらに加えて成人に達した高宗が朝鮮国王に着座し、頑迷な大院君が退位したことも日朝修好条規締結に有利に作用します。一八七六年二月、日朝間で調印されます。同条規は一二款で構成され、第一款では、「朝鮮国は自主の邦にして日本国と平等の権利を有する」と規定します。これによって日本は朝鮮を国際法上独立国家と承認し、あわせて清国の宗主権を否定します。

けれど朝鮮政府の認識は違っていました。属国か独立か、この発想自体すでに西欧的であるとして、条約による朝鮮国の統治政体は拘束されないとの認識だったのです。もっとも同条規第一〇款では、朝鮮国で犯罪を犯した日本人の裁判は日本でおこなう領事裁判権、あるいは関税撤廃を認めるなど日本に有利な片務的、不平等な条約になっていました。

(二) 激化する日朝対立

かくして清国は唯一のこされた朝鮮さえもうしない、宗主国としての指導権はほとんど喪失します。日朝修好条規は朝鮮を独立国家として国際的に認知させるものだったからです。けれど条約締結をめぐり朝鮮国内では事大派と開国派の対立抗争が激化し、一八八二年七月事大派は大院君をふたたびかつぎ出して決起し、日本公使館を焼き打ちして占拠。閔妃を追放します。いわゆる「壬午事変」の勃発です。

清国にとって事変はじつに都合のよい、千載一遇の好機でした。指導権を回復したからです。李鴻章は、大院君の行為は清皇帝を軽んじる不遜なものだとして清国軍の朝鮮出兵を命じて大院君を天津に拉致し、閔妃復権を支援します。これを契機に閔妃は親清的になり、李鴻章も朝鮮軍の清国式改編、内政、外交などに干渉を加え、指導権の復活と強化をはかるのです。日本も朝鮮政府と済物浦条約を結び、公使館護衛のため軍隊を駐留させます。

朝鮮はなおも紛争がやまず、清国に急接近した閔妃派の事大党に対し金玉均、朴泳孝ら独立党は一八八四年十二月政権打倒のクーデターに決起します。「甲申事変」といわれるものです。独立党を援護したのは日本の民権派でした。金玉均は維新後の日本を視察し、朝鮮の改革開放を痛感。福沢諭吉や竹添進一郎駐朝公使らと接触し、クーデター工作に奔走します。

金玉均は閔妃政権を打倒し、政治綱領を発表するなど一旦はクーデターに成功します。ところが閔妃政権はただちに清国に援軍を要請し、袁世凱が一五〇〇名の軍隊を率いて奪還をはかると十二月六日、金玉均ら独立党政権はわずか三日たらずで瓦解。この後金玉均は日本に亡命しますが日本政府の扱いはきわめて冷淡で、小笠原、北海道などに留め置かれ、さらに上海に逃亡します。ここで刺客に暗殺され、死体はみせしめのため京城にさらされるなど悲運をたどります。

甲申事変でまたしても日本公使館は焼失したため日本政府は漢城条約を結び、朝鮮政府に損害賠償と謝罪を求め、認めさせます。清政府とも一八八五年四月、伊藤博文を北京に派遣し、天津条約に調印します。同条約は、朝鮮からの日清両軍の同時撤兵、今後の朝鮮派兵に際しては相互通告、これらを取り決めます。

条約締結で日清関係は小康状態を得たものの閔妃政権の清国接近、独立派壊滅などで日本の指導権はいちじるしく低下し、相対的に清国の指導権が拡大強化してゆきます。けれど相次ぐ事変は日本、清国、朝鮮それぞれが抱える国内矛盾を顕在化させます。

日本国内では金玉均の暗殺、独立党の消滅、清国の影響力増大などに憤慨する世論が高まり、これに乗じて民権派左派の大井憲太郎による大阪事件なども発生します。大井は稲垣示、磯山清兵衛ら旧自由党党員らと謀り、金玉均の独立党と連携して朝鮮の事大党政権転覆および対清討伐を訴え、これを起爆剤に閉塞状態にある自由民権運動の再起を企図するものでした。ところが磯山の寝返りで事件が発覚し、大井らは検挙されて計画は頓挫します。

清国は清流派と洋務派の派閥対立が一段とエスカレートし、権力闘争にまで発展します。同治帝死去後光緒帝が即位し、親政をおこないますが実権は西太后の手中にあり、光緒帝は単なる飾りものにすぎなかったのです。これを嫌悪する清流派は西太后を排除し、光緒帝の親政強化をはかろうとします。

これに立ちはだかったのが李鴻章。彼は太平天国の乱鎮圧の功績で北洋大臣に任じられ、さらに光緒帝の即位後、直衛総督を兼ね、清政府の権力はほとんど彼に集中していました。このようになったのも洋務派として西太后のおぼえよろしくを得ていたからです。両派対立による宮廷内の醜悪な権力争いは朝王朝の崩壊までやむことのない宿痾のようなものでした。

(三) 日清対立に翻弄される朝鮮

甲申事変後朝鮮の李王朝は、日清両軍の均衡のうえで辛うじて平穏が保たれていたのですがふたたびそれが破れます。しかも今度は民衆による反乱であっただけに衝撃の深さはすくなくありません。清国依存による主体性なき国家の、事大主義に右顧左眄するみにくさが露呈したのです。

一八九四年四月二十九日、東学党の乱が勃発。東学党とは、呪文をとなえればすべてのひとびとが天と一体になり平等社会が築かれる。仙薬を服用すれば完治しない病気はないなどと説き、政府や社会に不満を抱く農民大衆を扇動するある種のカルト教団でした。

全琫準は東学党を率い、「閔妃政権打倒」「日本駆逐」などのスローガンをかかげて武装蜂起し、全羅道庁を占拠します。朝鮮政府はこれに動揺。一難去ってまた一難だったからです。政敵の金玉均を葬り、やれやれと思ったのはちょうど一ヵ月ほど前だったのです。

それもつかの間、今度は公然と反政府を掲げた民衆蜂起です。朝鮮政府は自力では対処できずふたたび清国に派兵を要請します。李鴻章は袁世凱に出兵を命じ、同時に日本にも派兵したことを通告します。これは天津条約の、朝鮮による出兵要請に際しては相互通告するとの規定にもとづく措置でした。

清国軍約二四〇〇名。日本軍約四〇〇〇名。一挙に一万人近くもの軍隊が首都京城に乗り込みます。とくに日本軍の大量派兵に朝鮮政府はひどく狼狽し、東学党に急遽、和議を申し入れ、要求を丸呑みするなどのあわてぶりでした。

和議成立で駐留の理由はなくなり日清両軍は現地交渉で同時撤収に合意します。けれど日本政府は日清両軍による治安維持、内政改革を提案します。清政府はこれを拒否したため交渉は決裂します。これで陸奥宗光外務大臣は態度を硬化させ、日本単独でも朝鮮の内政改革を断行すると強硬に主張し、大鳥圭介公使に、朝鮮政府に対し清国との宗属関係即刻廃止、閔妃政権の総退陣などを要求するよう指示します。

これに従い大鳥公使は一八九四年七月十日、朝鮮の内政改革、二十日には宗属関係廃止を朝鮮政府に要求し、回答期限を二十二日までの二日間とします。これは朝鮮政府に突き付けた日本政府の最後通牒といってよいものです。

日本政府の強硬姿勢に清国の光緒帝は激高し、最後通牒を破棄します。要求を認めれば唯一残された朝鮮との宗属関係をうしなうだけでなく、「蕞爾島夷」日本の指図にしたがうことになるからです。清国にとってこれは由々しきことであり断じて許せるものではありません。

日本政府はけれど清・朝両国の拒否は折り込み済みだったにちがいありません。回答期限を待って七月二十三日、日本軍は朝鮮王宮を占拠し閔妃派を追放。改革派の金弘集を擁立して親日政権樹立に成功します。

(四) 日清戦争敗北で華夷失墜

日清戦争の発端は改革派による閔妃追放の宮廷クーデターにこそありました。朝鮮の政変に驚愕した光緒帝は天津の李鴻章に急報し、北洋艦隊の出動を命じたからです。日本政府も清国との交戦は避けられないものとしてあらかじめ布石を打ってありました。

かねて懸案の英国との不平等条約改正で新たに日英通商航海条約を締結し、両国関係に変化がないこと、ロシアも不干渉で臨むなどの言質を得たことで後顧の憂いは取り除かれています。

国内面では軍事力の拡大と近代化です。日本政府は一八九二年十二月、『軍拡八カ年計画』を発表し、陸軍約一二〇〇万円、海軍約四二〇〇万円、砲台設置約五五〇万円、総額およそ五九五〇万円を計上します。同計画で陸軍の兵力は、西南戦争時は約四万人ですが日清戦争時には約七万四〇〇〇人にまで大幅増員されます。海軍も四二隻の軍艦建造と兵員一万三二〇〇人に強化されます。武器も近代化で能力アップ。並行して兵士の練度も士気も格段に向上します。

日清戦争は一八九四年七月二十五日、朝鮮半島の西方、黄海の牙山沖に浮かぶ豊島における日清両軍艦による砲撃戦で火ぶたをきります。日本海軍は坪井航三少将を総司令官に三隻の巡洋艦が出動。清海軍は方伯謙を司令官として済遠など三隻が出動します。日本にとってこの海戦は近代軍艦同士による最初の海戦といえます。

デビュー戦はそして日本海軍の勝利で決着します。清海軍は撃沈および捕獲などで三隻をうしない、おまけに済遠の副長は、巡洋艦吉野が放った砲弾で艦橋が直撃されたさい爆死するほどです。

ただしこのとき東郷平八郎大佐が指揮する浪速が英国汽船を撃沈したため国際問題に発展するのでは、と危惧します。同船には清国軍一〇〇〇名が乗り込むいわば輸送船でした。したがって浪速の砲撃は国際法上正当な行為であることが証明され、事態は収拾されます。

豊島沖海戦時は日清双方ともまだ宣戦布告をしておらず、八月一日になってこれがなされます。前哨戦で勝利した日本海軍はこの後も勝ち気運に乗り、第二、第三ラウンドでも連勝します。

九月十六日午後一時すこし前、北洋艦隊旗艦定遠の三〇・五センチの砲弾が火を吹き、黄海海戦の戦端がひらかれます。この海戦でも清軍は経遠、致遠、揚威といった最新鋭の装甲艦五隻が撃沈されたほか六隻が破損、大敗を喫します。日本側も沈没こそなかったものの五隻が被弾し、損害が出たほか赤城艦長の坂元八郎少佐が戦死します。

第三ラウンドは翌一八九五年年二月四日夜半、清国の山東半島先端にある威海衛港夜襲で始まります。威海衛は大連とならぶ北洋艦隊の母港です。日本の大本営は陸海軍共同による山東半島占領作戦を実行します。すなわち地上軍を上陸させて清国軍の沿岸防備を粉砕し、海軍をもって海上から砲撃を加え、北洋艦隊を湾内に閉じ込めて陸海両面から挟み撃ちするという寸法です。

実際この作戦はみごとに的中します。清国海軍は来遠、威遠が撃沈され、定遠が大破。司令官の丁汝昌が服毒自殺をはかるなど完敗でした。日本側も水雷艇一隻座礁、二隻大破の損害を出します。

北洋艦隊はかくして虎の子の甲鉄艦のほとんどをうしない、完膚なきまでに粉砕されます。日清戦争の敗北は華夷思想の完全な失墜を見せつけるものでした。「東夷」あるいは「小日本」などとさげすみ、華夷思想の優位性を誇示した清国の末路をいやがうえにも思い知るからです。

北洋艦隊はドイツに発注して建造した甲鉄艦を保有し、東洋一の最強艦隊と自慢したものです。じっさい示威をかねて朝鮮、ロシア、日本を航海し、鉄の船体と巨砲に日本国民は目を丸くしたものです。これをカサに清国海軍の水兵が暴動を起こしたのが一八八六年八月の「長崎事件」です。

北洋艦隊は航海途中長崎に寄港し、修理などをおこないます。このとき清国水兵が日本政府の許可を得ず不法に上陸したうえ泥酔して婦女子を追い回す、遊郭に上がり込んで物品を破壊する、交番に放尿するなどやりたい放題の狼藉をくりかえします。これに長崎の民衆は憤慨し、水兵に挑みかかり、ついには警官隊が鎮圧に出動するほどの暴動に発展します。この事件で日清双方に十数名の死者、七十数名の負傷者が出ますが、日清戦争はそのため長崎の人びとにとってこのときの意趣返しであり、おそらく長年の溜飲を下げたにちがいありません。

北洋艦隊は壊滅状態に陥り、戦意は完全に喪失。地上軍も朝鮮から一掃され、遼東半島、山東半島も日本軍に占領されて万事休す、です。清国政府は米国政府に日本との和平交渉を依頼します。これは清国自らが敗北を認めたことにほかなりません。

(四) 眠れる獅子はついに目覚めず

かつて清国は〝眠れる獅子〟などとたとえられたものです。これは、ひとたび緊急事態に陥れば眠れる獅子は咆哮し、百獣はおそれをなしてひれ伏すさまを言い表わしたものです。けれど日清戦争の敗北は眠れる獅子は眠ったままであり、ただの張り子の虎にすぎなかったことを光緒帝に悟らせました。

李鴻章は和平交渉に臨みます。彼は北洋大臣であり北洋艦隊の最高指揮官です。敗軍の将の彼が今度は清国政府の全権として日本に赴き、一八九五年四月、下関条約に調印したのです。調印にあたり、おそらく忸怩たるものがあったのでしょう、寝具、食糧、輿すべて本国から持参したのがそれを物語ります。日本にはいっさい頼らないとするプライドは清王朝のせめてもの抵抗をしめすものでした。ともあれ下関条約で清国は以下の点に同意します。

一、清国は朝鮮の完全なる独立を承認する。
二、台湾・澎湖諸島、遼東半島の割譲。
三、賠償金二億テール（両）の支払い。
四、日清通商航海条約締結および重慶、蘇州、杭州の開市開港、疎界地での治外法権承認。

下関条約締結で清国は朝鮮を自主独立国家として認め、朝鮮との宗属関係に終止符を打ちます。これによって最後まで残された清王朝の朝貢体制も消滅します。

他方、下関条約締結は朝鮮に対する日本の指導権強化と大陸進出にはずみをつけます。ところが歓喜にわいたのもつかの間でした。条約締結から六日後の四月二十三日、ロシア公使はドイツ公使、フランス公使を糾合して日本外務省に乗り込み、遼東半島の即時返還を要求し、拒否すれば武力行使に訴えると恫喝するのです。

いわゆるこれが「三国干渉」です。当時の日本にはまだこれら列強を突っぱねるだけの国力が備わっておらず、やむなく返還に応じざるを得ませんでした。日本にとってこれは国辱であり憤慨した国民のあいだに『臥薪嘗胆』の言葉がにわかに高まります。じじつこの後の日本は屈辱に耐え忍び、こころに期するものを秘めて国力を蓄え、軍備増強をはかり、機の熟する時を待つのでした。

第四章　日露戦争勝利で満州権益譲渡

(一) ロシアのあくなき侵略的野心

ロシアのあくなき侵略的野心は清国から満州、満州から朝鮮半島へと向けられ、やむことがありません。これを阻止したのが日本です。ロシアに蹂躙されているにもかかわらず、もはや清国にも朝鮮にも阻止するだけの国力も気概もありません。それどころかロシアに助けを求めさえするほどのていたらくです。

清王朝も朝鮮の李王朝も没落の一途をたどり、崩壊寸前だったからです。このなかで唯一日本はロシアに抗い、ロシアのアジア侵略をくじきます。日露戦争は日本の果敢な阻止行動が発端でした。

日露戦争は日本が勝利します。これはさまざまな意義をもたらしました。まずひとつは、日本国民が「三国干渉」でなめさせられた屈辱、このときロシアに対して誓った臥薪嘗胆を言葉ではなく現実の行動で果たして見せたことです。ふたつめは、満州および大陸進出へのとびらを大きく開いたことです。そしてみっつめは、東洋から国際舞台へと大きく飛躍し、政治的軍事的経済的に欧米列国と比肩する国威をしめしたことです。

ロシアは独、仏を糾合し、日本外務省に乗り込んで強硬に遼東半島返還を飲ませたことはさきに述べましたが、ロシアはさらにこのとき独、仏海軍と連合艦隊を編成し、ロシア提督チルトフを司令官に任命、日本に軍事的威圧をかけてきたのです。日本はやむなく遼東半島返還という苦渋の選択をしますが、これを日本の威信失墜と見て取った朝鮮政府の親ロ派は閔妃をけしかけてロシアとの結託を画策し、宮廷から親日派を追放、日本排除に打って出ます。

これに憤慨した三浦悟楼・朝鮮特命全権公使は朝鮮駐留の日本軍守備隊に出動を命じ、日本の壮士団とともに朝廷クーデターを強行し、閔妃を殺害したうえ親日派政権を奪還します。

じつはこのとき親日派をかつぎ出したのは大院君でした。大院君といえば朝貢体制の忠僕であり、日本の欧化政策を嘲弄した人物であったはずです。ところが今度は日本がかつぎ出した神輿に乗り、親日派に寝返りをする。この変わり身、無節操をどう理解すればいいのでしょう。

ともあれ政変はいったんは成功するものの再び親ロ派の巻き返しでくつがえされます。親ロ派の要請で百数十名のロシア兵が仁川に上陸し、この後京城にすすんでただちに皇帝の高宗、皇太子、皇太子妃らをロシア公使館に救出し、執政にあたるのでした。

これらの失態で朝鮮における日本の指導力はますます地に落ち、比例してロシアの存在感が増し、日本の脅威となって立ちはだかります。朝鮮だけでなく清国についても同じでした。三国干渉によって日本の存在感が揺らぎ、清国に対するヘゲモニー(主導的地位)はロシア、ドイツ、フランスに完全に握られたからです。

三国干渉をロシアに求めたのはむろん清国でした。日清戦争に敗れ、朝鮮も台湾も日本に奪われて宗主国としての面目をうしなった清国のうらみ骨髄であろうこと、想像できます。三国干渉は日本に対する清国のリベンジだったのです。このリベンジ、けれど高い代償をはらうことになります。日本からではない、三ヵ国から高いツケがまわってくるからです。

(二) 三国干渉の裏には列国の打算が

三ヵ国にとって清国の要請はまたとない好機でした。かねてより三ヵ国は清国の分割統治と利権拡大の思惑で共通していたからです。けれど逆にいえば三国干渉要請は自国の失地回復を目的にしていたにもかかわらず、かえって弱体化をまねくものであったといえます。さきに高いツケがまわったといったのはこのことです。

三ヵ国の思惑とは、ではどのようなものであったのか。ドイツは艦隊根拠地を求めて極東アジア進出をはかります。アフリカあるいは南太平洋地域はすでに仏、蘭、英などに分割され、独が割り込む隙がなかったからです。

ロシアは満州への鉄道延伸及び不凍港獲得を早期達成させるうえで南下促進は長年の課題でした。一八九一年十一月、ニコライ二世も臨席するなかでシベリア鉄道の起工式が行なわれましたが、ウラジオストクからさらに満州への延伸を望んでいたのです。これが後にハルピンまで通じる東清鉄道です。

フランスはロシアのシベリア鉄道建設の資金供与に応じます。この支援策は仏露同盟の一環でした。インドシナ、雲南、広西など華南地域を領有していた仏は、四川、湖北、広東など華中地域を領有していた英国と利害対立していたため、先手を打つ必要があったのです。そのためにはロシアとの関係強化は欠かせない条件でした。三国干渉の裏にはこのように三者三様の利害、打算、思惑等が複雑にからんでいたのです。窮地に陥った清政府を救うなどという善意での行動などではけっしてない、すべて自国の利権拡大のためだったのです。

三ヵ国による分割統治は清国が自ら招いたものであり、そのため自業自得といえます。分割統治はいわば借金のカタに取られたものだったからです。日清講和条約で清国は対日賠償金を支払うことになり、仏露両国から約四億フランを借入します。そのうえ遼東半島のためふたたび対日賠償金が必要となり、独英から一六〇〇万ポンドを借入します。たびかさなる出資で清政府は財政逼迫をきたします。このため自国領土の分割統治を弁済の担保として三ヵ国に差し出したのです。

(三) 露清同盟密約は日本敵視と満州占領

清政府はさらに一八九六年五月、ロシアと『露清同盟秘密条約』を締結します。李鴻章はニコライ二世の戴冠式に臨むためモスクワを訪問。ロバノフ外相と会談し条約締結におよびます。同条約を要約すると、日本国を露清両国の共通の敵とする、満州におけるロシアの軍事行動を容認するというものです。では密約条約とはどのようなものか、記しておくのもいいでしょう。

第一条、東亜におけるロシア国の領土および清国、朝鮮国の領土を問わず、日本国が企てる一切の攻撃は本条約の即時適用を認める。この場合両締約国は使用される一切の陸海軍をもって相互に支援し、兵站供給のため多くの援助を約する。

第二条、両締約国が共同行動をとるとき、他方の同意を得ず敵国と平和条約を単独で締結することを得ず。

第三条、軍事行動中、一切の清国の港はロシア軍艦に開放され、ロシア軍艦は港において清国官憲の一切の援助を受ける。

第四条、清国政府はロシア国陸軍が脅威地に至るのを容易にするため清国の黒龍江省および吉林省を横断してウラジオストク方面に至る鉄道建設に同意する。このロシア鉄道の連絡は清国領土の侵略および主権侵害とはならない。

第五条、戦時においては第一条所定をもとにロシア国軍隊の輸送および給養のため第四条所定の鉄道の使用を自由にできる。

第六条、本条約は契約確定より一五年間有効とする。

同条約はこの後十月北京で批准を交わし、以後一五年間ロシアは清国における特権的地位を獲得します。事実上条約締結はロシアの満州占領を許容したものです。ロシアはこれで、朝鮮においては親露派を懐柔して朝鮮介入を強め、清国に対しては露清同盟で関係強化をはかり、極東アジアでの戦略拠点構築を確実にしてゆきます。そのため残るは朝鮮、満州地域から日本を排除し、日本が有する権益を剥奪することだけです。

これも長い時間を必要としませんでした。露清同盟を交わした翌年十一月に起きたドイツ宣教師殺害事件は、さらなる満州進出と日本排除のおあつらえむきの口実をロシアに与えてくれたからです。

独人宣教師殺害事件とは山東省巨野県の農民とキリスト教会が土地争いで対立し、農民側が大刀会に助けを求めたため、大刀会が教会を襲撃、二名の神父を殺害したという事件です。大刀会とは一八九四年ごろ山東省地方で発祥した民間宗教団体。カルト的様相を帯びていました。

教団発行の護符を飲むと不死身のからだになる、拳棒術を鍛えるなどで民衆の信仰を集め、キリスト教排撃を強めてゆきます。大刀会も清朝シンパであり、「扶清滅洋」につらなる集団でした。

宣教師殺害事件で独は態度を硬化させ、清政府にねじ込んで山東省の膠州湾租借を認めさせます。ロシアも、三国干渉で日本が放棄した大連、旅順に割り込み、租借権を得ました。これに続いて英国は九龍半島および威海衛、仏は広州湾を租借地にします。列国は租借権を梃子《てこ》に鉄道敷設、鉱山採掘などをすすめ、清国内の権益拡大を加速させます。

ロシアの東清鉄道の延伸化もロシア艦隊の大連母港化も、満州進出の積極化もこのときに始まります。日本がさらに窮地に追い込まれるのもこの時でした。大連は巨大なロシア艦隊、満州には六〇〇〇〇人の陸軍部隊。日本はロシアの陸海軍の圧迫を真正面から受けることになるからです。

ロシアの陸軍は義和団事件鎮圧後も本国に引き上げず、そのまま満州に居座りつづけた部隊でした。義和団事件は大刀会の排外運動が大規模化したものでした。山東省南西地域の大刀会に対し、山東省北部では義和団が民衆を率いて次々とキリスト教会を襲撃、破壊活動を激化させていたのです。このためフランス軍が鎮圧に出動します。義和団も「扶清滅洋」をスローガンに掲げ、この点で大刀会と共通することから大同団結します。

義和団の排外運動は民族主義運動です。清国を遅れた非文明国とさげすみ、無能な国民と身くだし、わが物顔でふるまう西欧列国の横暴さ、それに抵抗できず追随する清政府。義和団はこれらに憤慨する民衆のナショナリズムを喚起し、支持を集め、巨大なうねりとなって北京に押し寄せます。

清政府のなかにも義和団を義民と評価する擁護派もおり、これに義和団はますます勢いづきます。清政府が英露米日仏など八ヵ国に対して宣戦布告を決断したのは義和団の勢いに呑まれたからでした。北京の各国公使館は義和団や清国軍に包囲され、二四時間以内の退去を命じられ、日本公使館の杉山彬書記官は清国兵によって惨殺されます。

八ヵ国は当然これを見過ごすわけにはいきません。連合軍を編制し鎮圧に向かいます。鎮圧部隊は二万名にも達しました。このうちロシア軍は六〇〇〇名、日本軍は一万名を派遣しています。両国の突出にはわけがあります。米軍は植民地のフィリピンの独立運動にてこずり身動きができない。英軍もボーア戦争に兵力を投入していた。独、伊、豪にとって清国は遠すぎる。結局大量の派兵が可能なのはロシアと日本。これが突出した理由です。

連合軍は清国軍の抵抗を撃破しつつ宣戦布告から二ヵ月後の八月十五日北京を占領し、包囲網から公使館員や居留民を無事に解放します。連合軍に敗れた西太后は光緒帝とともにはるか西の西安に逃亡するありさまでした。清政府はまたも四億五〇〇〇万テールという莫大な賠償金を八ヵ国に支払う羽目になります。ただし三九年の分割払でしたが。

(四) 日露が全面対峙

ロシアは大連およびシベリア方面から鎮圧部隊を派遣し、満州にも波及した義和団を駆逐してハルピン、チチハル、奉天など満州の主要都市を制圧します。

このときでした、本書の冒頭で触れた黒龍江省での清国人大量虐殺事件が発生したのは。義和団によってロシアは建設中の鉄道が破壊され、大損害を受けます。満州の主要都市を制圧したことでロシアは満州全土の割譲を清政府に要求します。けれど義和団の残党で結成された忠義軍の抵抗で阻止されます。黒龍江北岸で清国人五〇〇〇人を虐殺したのは鉄道破壊や割譲の頓挫に対するロシアの報復だったのです。

義和団事件制圧後もロシアはそのまま大軍を満州に駐留させていました。これは明らかに満州の軍事占領を企図するものです。じじつロシアは義和団鎮圧後の十一月、奉天の清国軍司令官と満州占領のための予備協約を交わし、満州の森林、地下資源開発などの権利独占を要求します。

ロシアの満州占領は日本にとって大きな脅威です。日本は大韓国（一八九七年十月、国号を大韓国と改称）問題に加えて満州が新たな問題として浮上し、ロシアとの全面対峙が不可避でないことを知らされます。そのため日英同盟はロシアの満州占領のたくらみに待ったをかけるものでした。

英国もロシアの満州占領に危機感をつのらせていました。英国は強大な海軍力で植民地大国を誇り、元来勢力均衡の立場からいかなる国とも軍事同盟を結びませんでした。これが〝栄光ある孤立〟といわれるゆえんです。けれど日英同盟はこの名誉ある称号をついに返上させるものでした。

英国にとってそれほどにロシアの野心は容認できなかったということです。モスクワとウラジオストク、東西両方面からの物資輸送を円滑化し、満州の軍事支配を既成化する。英国はロシアのこの目論見を恐れたのです。

とはいえ英国単独でロシアの満州進出をくい止めるのは不可能。日本とはロシアを脅威とする点で一致しています。日本も英国は三国干渉に加わらず好感をもっていました。

一九〇二年一月ロンドンにおいて日英同盟協約が調印され、日英同盟は以下の点を承認します。一、清国、韓国の独立と領土保全を維持するとともに日本清韓両国および英国の清国における政治的経済的特殊利益を互いに擁護する。二、日英のいずれか一方が第三国と戦争になった場合は厳正中立を守る。三、さらに三ヵ国以上との交戦においては援助をおこなう。

このとき日英同盟協約の付属秘密交換文書も交わされ、日英両海軍の協力強化、日本発注の戦艦二隻、装甲巡洋艦六隻建造などに英国は同意します。日英同盟で英国との関係強化をはかった日本は満州からの撤兵問題に関するロシアとの交渉に臨みます。本来なら清政府が交渉をおこなうべきですが清政府にはその余力がないほど衰弱していました。

交渉で日本は一九〇二年四月、露清間の満州還付条約を導き、ロシアは以後六ヵ月ごと三期にわけて満州からの撤兵に同意するのです。ところが第一期については遼河以西地域から撤収したものの第二期以降は条約に反して撤収に応じず、それどころか奉天や牛荘ではかえって軍備強化を画策し、さらに翌年四月には、韓国政府に対し、五年前の一八九六年に獲得したとする鴨緑江岸の森林開発の権利を持ち出して韓国領である鴨緑江龍岩浦一帯を占領。六月には同地域に地上軍を増派させ南満州で大規模軍事演習を展開するのです。これらロシアの示威行動は日本に対するロシアの軍事挑発であること明白です。ロシアとの開戦、もはや避けられないほどに情勢は緊迫してゆきます。

(五) 日本の満州領有は合法かつ正当

三国干渉で味わった屈辱を日本国民は忘れていません。けれど日本政府はもとより開戦を望むものではありません。外交交渉で平和的に事態打開をはかろうとします。一九〇三年六月御前会議を開き満州、韓国の問題解決に向けた、ロシアとの単独交渉を決定したのはこのあらわれです。日本はモスクワ交渉を打診しますが逆にロシア側は日本を希望し、小村寿太郎外相とローゼン露駐日公使が交渉のテーブルに着きます。

日本側は、満州を日本側の利益圏外とする、ただし韓国の、日本の政治的軍事的優越権を認める、という妥協案を示します。けれどロシア側の拒否で日露交渉は容易に進展が見られず、一九〇四年二月四日、政府および軍首脳、元老による御前会議で交渉打ち切りならびに日露開戦が決定されます。

二月六日、日本政府は御前会議の決定を受けてロシアに国交断絶および日本単独で独自行動を取ることを通告します。独自行動とは開戦を意味します。同日連合艦隊は佐世保港を出港後八日には地上軍を韓国仁川に上陸させます。このとき仁川より出撃したワリヤーグ、コレーツ二隻のロシア軍艦と砲撃戦となり、連合艦隊はこれを撃沈。日露戦争の火ぶたが切って落とされたのです。二月十日、日本はロシアに対しついに宣戦布告します。

ロシアもすでに着々と臨戦態勢をとっています。第二期撤兵を実行せず、そのうえシベリア鉄道の輸送試験を名目に歩兵、砲兵等の満州派遣を増加させています。海軍もウラジオストク港に戦艦などを集結させ、砲塁増設、野戦病院の設置などの工事を昼夜兼行で進めていました。しかも二月一日、ウラジオストク知事は日本貿易事務署員を通じて日本人のハバロフスク退去を命じており、開戦が間近いことを示唆していました。

日露戦争は陸海軍とも日本側が有利に展開していました。とりわけ一九〇五年五月、日本海海戦でロシアのバルチック艦隊に壊滅的打撃を与えたことで戦争の勝敗は決しました。この海戦でロシアは極東地域に配備した艦艇がほぼ全滅したからです。ただし、これがなくても日露とも継戦能力に限界が生じていたのも事実です。日本軍は兵員の戦死傷者の増加、武器弾薬の欠乏、軍事費の膨張など。ロシア側は帝政の独裁に対する民衆蜂起、ストライキなどが頻発し国情不安に陥っていたのです。

このようにそれぞれ国内事情を抱えていたので日本は、日本海海戦の勝利後すかさず米国に戦争終結の調停を依頼します。なぜ米国に依頼したかといえば満州や韓国における同国の利害は大きくなかった、欧州列国と比肩するまでに国力が増し国際的地位の確保を欲していた、などからでした。交渉も米国東北部の港湾都市ポーツマスで一九〇五年八月から、日本側は小村寿太郎全権、ロシア側はセルゲイ・ウィッテ全権のあいだで始まります。

日本側は交渉のたたき台として一二の条件をロシア側に示します。けれどロシア側の強硬な姿勢が原因でしばしば中断し、交渉は難航します。だが親日的であったセオドア・ルーズベルト米大統領のあっせんなどもありロシアも次第に軟化、交渉開始からほぼ一ヵ月後の九月四日(日本時間は九月五日)、交渉は妥結し、両全権は日露講和条約に調印します。日露講和条約とは以下のとおりです。

一、日本の朝鮮半島における優越権を認める。
二、日露両国の軍隊は鉄道警備隊を除いて満州から撤退する。
三、ロシアは樺太の北緯五〇度以南の領土を永久に日本へ譲渡する。
四、ロシアは東清鉄道のうち旅順、長春間の南満州支線と附属地の炭鉱の租借権を日本に譲渡する。
五、ロシアは関東州（旅順・大連・遼東半島南端部）の租借地を日本に譲渡する。
六、ロシアは沿海州沿岸の漁業権を日本人に与える。

日本は六月の閣議で避けてはならない「絶対必要条件」とそうでない「比較的必要条件」の二つを担保に交渉に臨むことを決定します。前者は韓国に対する指導権、遼東半島、旅順・長春間の鉄道等の譲渡、ロシア軍の満州撤収など。後者は賠償金支払い、樺太譲渡などです。

日本政府が交渉の難航を予想したのは前者でした。いずれもロシアの満州権益や占領政策の放棄に直結するからです。ところが予想とは違いロシアは抵抗なく早くもあっさり認めています。難航したのはむしろ日本が重視してなかった後者でした。そのため小村全権は交渉打ち切りを日本政府に打電するほどでした。それでも交渉は継続し、日本側は賠償金と相殺するかたちで樺太領有権を獲得、このように妥結します。

ところが賠償金獲得がなかったことが日本国民の憤激を買います。講和条約破棄、戦争継続など気勢を挙げながら群衆は暴徒化して警察署や政府庁舎を襲撃。路面電車や日比谷の建物が焼き打ちにあうなどの被害を受け、軍隊が鎮圧に出るほどでした。

日本は日露戦争に約一七億六〇〇〇万円を投入し、外債も八億円に達したといわれます。

日露講和条約は、日本は満州を侵略し、軍事力を行使して奪ったものではない、ロシアとの交渉によって平和的に、合法かつ正当な権利として譲渡されたものであることを明確に示すものです。

この事実はもちろん清国も認めているところです。日露講和条約は清国を無視し、頭越しに締結したものではないからです。このことを示すのが『満州善後条約』です。同条約は日露講和条約で決定した、ロシアが日本に対して行なった満州の利権譲渡に関するものでした。

同条約は日露講和条約締結後の十二月、北京で小村寿太郎全権大使、袁世凱全権大臣との間で結ばれ、日清両国は以下のように同意します。

一、南満州鉄道の吉林までの延伸及び鉄道守備隊の日本陸軍常駐権。沿線鉱山の採掘権、同鉄道に並行する鉄道建設の禁止。

二、安奉鉄道の使用権継続と両国共同事業化。

三、営口・安東・奉天における日本人居留地の設置許可、鴨緑江右岸の森林伐採合弁権獲得。

「満州善後条約」は清政府が崩壊し、一九一三年十月中華民国が成立したのちも遵守されています。

(六) 中国政府の満州侵略説は虚偽

日露戦争勝利はロシアの満州占領だけでなくアジア侵略の企みもくじくものでした。極東地域のロシア海軍は軍港を失って壊滅します。日本の日露戦争勝利は清国の期待を狂わせるものでもありました。

「露清同盟密約」で清政府は日本を共通の敵国とする軍事同盟をロシアと結び、ロシアの満州占領を認めるかわりにロシアの軍事力を利用して日本の満州進出阻止を狙ったのです。けれど清国の期待は無残にも覆されます。日本をたたき潰し、日清戦争敗北の怨念を晴らしてくれるものと期待したからこそロシア有利に露清同盟を締結したにもかかわらずロシアは敗れ、満州権益は日本の手に渡されたからです。

清国政府が文書を提出していなかったならばあるいはヒューズ米国務長官が文書を

黙殺し、公表しなかったならば日本は日露戦争の真相を永久に知らないままにいたかも知れません。

またもし日本が日露戦争前ないし日露講和条約締結時に密約の存在を把握していたならば日本政府は清国を共謀者として告発し、戦争責任に対する強硬な制裁措置を執ったに違いありません。

露清同盟密約の存在は、「日本は満州を侵略し、奪い取った」とする中国政府の「満州侵略説」がいかに虚偽に満ちたデマゴギーであるかを強く示すものです。露清同盟密約は日本を戦争におびき出すために仕組んだ清国の謀略だったのです。

それよりなにより中国政府ははたして理解しているでしょうか。日露戦争が勃発した一九〇〇年代初頭、世界にはまだ「侵略」という概念は存在せず、そのため何をもって「侵略」と規定するか各国共通の認識が確立していなかったことを。これが確立したのは第一章の（一）で触れたように、一九七四年十二月に開催された第二九回国連総会であったということを。

この総会で「侵略」に関する定義が採択され、「侵略」の共通認識が確立したのです。日本の満州領有化は定義の確立よりはるか以前に行なわれたものであり、この事実からしても「侵略」の対象にあたらないこと言うまでもありません。

では一九七四年十二月の国連総会で決議された「侵略」の定義とはいかなるものか。それはこのようなものでした。

「侵略とは、国家による他の国家の主権、領土保全もしくは政治的独立に対する、又は国際連合の憲章と両立しないその他の方法による武力を行使することをいう」

では何をもって侵略と規定するのか。それを具体的に示したのが決議第三条の「侵略行為」です。

「次に掲げる行為はいずれも宣戦布告の有無に関わりなく、二条の規定に従うことを条件として侵略行為とみなされる」

この条文に基づいて第三条は侵略行為を（a）から（g）まで挙げています。

（a）一国の軍隊による他国の領域に対する侵入もしくは攻撃、一時的なものであってもかかる侵入もしくは攻撃の結果もたらされる軍事占領、または武力行使による他国の全部もしくは一部の併合。

（b）一国の軍隊による他国の領域に対する砲爆撃または一国による他国の領域に対する兵器の使用。

（c）一国の軍隊による他国の港または沿岸の封鎖。

(d)一国の軍隊による他国の陸軍、海軍もしくは空軍または商船隊及び航空隊に対する攻撃。

(e)受入国との合意に基づいて領域内にある他国の軍隊を、協定に定められた条件に違反して使用すること。又は協定終了後も右の領域で他国の軍隊が駐留を延長すること。

(f)他国の自由に任せた一国の領域が右の他国によって第三国に対して侵略行為をなすために使用されるのを許すに際しての右の行為。

(g)右に掲げられた行為に相当するほどの重大な武力行為を他国に対して行なう武装した一隊、集団、不正規軍もしくは傭兵が一国により又はその国のために派遣されること。又はそれに国が実質的に関わること。

「侵略の定義」を日露戦争あるいは一九三一年にさかのぼって満州事変に適用することはむろん許されません。仮に百歩譲って日本の満州領有化を侵略だと主張する中国政府の言い分を「侵略の定義」に基づいて検証しても侵略説は成立しません。理由は(a)です。「一国の軍隊による他国の領域の侵入」の「他国」、つまり「国家」といえるものが満州事変当時、実質的にも実態的にも存在していなかったのです。

満州は土着の軍閥が群雄割拠し、それぞれ私兵を擁し、徴税をおこない、紙幣を発行するなどまったくの無政府状態。統一された国家も統治機構としての中央政府も皆無だったのです。このような事実からも中国政府による日本の満州侵略説はなんら根拠のない虚偽であり、架空のつくり話なのです。

植民地篇

第一章　満州国は日本の植民地であったか

(一) 日本は満州国に政治的従属関係を強要していたのか

満州国は日本の植民地であったといわれます。はたしてそうでしょうか。満州国は領土を奪い取られ、日本に従属し、統治され、支配された植民地だったのでしょうか。そのため満州国の人びとは人権を蹂躙され、行動の自由や選択の自由、生命財産を守る権利も奪われ、日本人に搾取され、抑圧され、家畜のように使役され奴隷化されていたのでしょうか。

「植民」とはこのように述べられています。「ある国の国民又は団体がその本国と政治的従属関係にある土地に永住の目的で移住し、経済的に開拓し、活動すること。またその移住民」。「植民地」については、「ある国の海外移住者によって新たに開発された地域。帝国主義国によって原料供給地、商品市場、資本輸出地をなし、政治上も主権を奪われた完全な属領」(以上『広辞苑』第二版)。

広辞苑の解釈に従えば「植民」や「植民地」とはある国がある国に対し征服ないし侵略的意図をもって「政治的従属関係」を強要し、なおかつ「主権を奪われた完全な属領」であることを認めさせることです。ということは植民地国には自主権や民族の自決権など国家の根幹をなす権利は存在せず、国民は植民地支配、つまり宗主国の隷属と同化、あるいは帰順があるのみ、ということになります。

これらの観点から日本と満州国との関係を検証すると、満州は日本の「政治的従属関係」にあったのでしょうか。満州国は日本に「主権を奪われた完全な属領」だったのでしょうか。もちろんそうでないことがわかります。後に詳しく触れますが、満州国は領土領民を統治する国家機能を有する主権国家であり、独立国家であったからです。

現在では植民地支配は好ましくないとして否定され、国際的共通認識ともなっています。一九六〇年十二月、国際連合第一五回総会において『植民地独立付与宣言』が全会一致で採択され、植民地の独立に関する宣言の付帯条項の七項目が示されたのがそうです。要約すると付帯条項とはこのようなものです。

一、外国による隷属、支配、基本的人権の否定を構成する搾取。これらへの人々の従属は国連憲章に違反する。

二、すべての人々に自決権がある。この権利によってみずからの政治的、経済的、社会的、文化的な開発を遂行する。

三、政治、経済、社会、教育の不十分が独立遅延の口実になってはならない。

四、武力行使や抑圧手段は人々が独立、平和、自由を行使するため停止しなければならず、人々の領土保全は尊重しなければならない。

五、無条件あるいは留保なしで、人種・信条又は肌の色の違いにかかわらず信託統治領、非自治統治領や独立未達成の人々へ力を譲渡すべき処置をとらなければならない。

六、国民統治と領土保全の分裂を狙った試みは国連憲章の目的と原理と相いれない。

七、すべての国家は国連憲章条項、世界人権宣言を忠実かつ厳密に遵守し、人々の主権と領土保全を尊重しなければならない。

いまでこそ植民地支配は法的にも道義的にも許容しがたいものとされていますが、第二次世界大戦以前はかならずしもそうではなかったのです。植民地を保有することは先進国として認められるための条件でありステータスであったからです。善し悪しはともあれ先進国は自国の利益のためだけでなく、政治的、経済的、文化的に遅れた植民地をリードし、発展と繁栄をもたらすとの使命、義務もあったのです。

(二) 植民地の始まり

植民地とはラテン語のコロニア、英語のコロニーなどに由来し、土地を「栽培」する、あるいは「耕す」ことを意味します。したがって植民地とはある人々が新たな居住地を求めて移住し、そこで土地を耕し、農作物を育て、農業をいとなむと理解されていたのです。

これが国家的事業としての植民地政策に変化するのは紀元前三〇〇〇年ごろ、フェニキアの海外進出に始まるといわれています。フェニキアとはフェニキア人が現在のシリアの地中海沿岸に築いた都市国家。航海にすぐれ、海上貿易を通して地中海から大西洋にまで交易を拡大してゆきます。

ただしフェニキアの植民地政策は新たな貿易市場の開拓や停泊地を求めたものであ

り、相手国を支配や資源収奪を狙ったものではありませんでした。植民地政策が侵略的、領土拡大的様相を帯びてくるのはギリシャやローマ帝国の海外進出によってでした。

ギリシャの台頭でフェニキアの勢力は次第に衰えを見せます。スパルタ、アテナイなど都市国家の出現によって国力を蓄えたギリシャはフェニキアに取って代わって地中海、黒海、エーゲ海などの沿岸部に進出し、バルカン半島および小アジア地域を次々と植民地化し、交易拡大と同時にギリシャ文化、習慣、制度などの移出をはかり、文化的同化を強めるのでした。

ギリシャが生んだ哲学、芸術、科学は西欧文明の源泉のひとつとして西欧史に大きな影響を与えたものです。けれどギリシャも紀元前四世紀ごろエーゲ海に面したマケドニアに併合され、続いてローマ帝国の支配下に置かれます。

ローマ帝国もギリシャ同様エーゲ海、地中海沿岸、小アジア地域に版図をひろめ、さらに大西洋に出てポルトガル、英国にまで勢力を伸ばしますず。武力を用い、力づくで領土拡大をはかるとともに移民を送り込んで植民地支配を強化します。「すべての道はローマに通じる」とのたとえが示すようにローマはヒトモノカネが集積する交易の中心地となり、栄華をきわめたものです。けれどテオドシウス帝死後の三九五年、ローマ帝国は東西に分裂し、四七六年にはロムルス・アウグストゥルス帝が退位し、西ローマは滅亡します。

(三) 西欧列国の植民地支配の幕開け

西欧諸国の植民地支配が顕在化するのは一五世紀から一七世紀にかけて外洋航路が開拓され、海洋進出競争が始まるいわゆる大航海時代でした。先鞭をつけたのはポルトガルです。ポルトガルはイスラム勢力のサラセン帝国の侵略を受けましたが失地回復運動によってイスラム勢力を跳ね返し、一二世紀中ごろポルトガル王国が独立します。

同国はイベリア半島の西端に位置し、国土面積は九万一〇〇〇平方キロメートルほどと狭く、人口も少ない国でした。地中海型気候によって肥沃な国土をもち農業が発達。小麦、トウモロコシ、オリーブ栽培などがさかんで地下資源にもめぐまれ、タングステンはヨーロッパの約六割を算出するといわれます。けれど国内消費には限界がありこれを解消するため海外貿易に活路を求めます。

航海王といわれたエンノケ王子はアラブ人やユダヤ人学者を招聘して天文学、地理学、航海術などの研究をかさね、大西洋や西アフリカに探検隊を送り込みます。これがのちのアフリカ、アジア、北南米大陸進出につながる大航海時代の幕開けとなります。

ポルトガル人のバスコ・ダガマは新航路発見のため一四九七年リスボン港より出帆し、アフリカ大陸の喜望峰を回航して翌年五月インド西海岸に到達します。彼によって西欧とインドおよびアジアをつなぐ航海路が開かれ、以来ポルトガルのアジア進出に拍車がかかります。日本にも一五四三年八月ポルトガル人が種子島に渡来し、島民に鉄砲やパンなどの西洋文化を伝えたものです。

ポルトガルはアフリカ大陸や大西洋を越えてはるか南米大陸にも食指を伸ばします。西アフリカのギニア、ガーナなどを植民地にするだけでなく奴隷貿易にも乗り出し、ガーナの海岸にエルミナ城を築くのです。エルミナ城はセネガルの首都ダカールの沖合に浮かぶゴレー島とならぶ奴隷の大集積所でした。

エルミナとは英語で鉱山を意味します。ポルトガルは内陸部で発掘した鉱物資源をここに集積するとともに黒人奴隷も集め、手枷足枷をはめてエルミナ城に監禁し、奴隷船に乗せて北米大陸などへさかんに送り出したのです。南米ではブラジルを植民地化し南米大陸の五〇パーセントを支配下におくほどにポルトガルは植民地大国へと発展します。

スペインの海外進出はポルトガルより遅れてクリストファー・コロンブスによる北米大陸発見で本格化します。イタリアのジェノバで生まれたコロンブスは水夫となりマルコ・ポーロの『東方見聞録』を読んだことで東洋にあこがれを抱き、大西洋を西に向かえばアジアに達すると考えました。

スペイン女王イザベルの資金援助を受け、一四九二年八月サンタマリア号を率いて大西洋に漕ぎ出し、西インド（米国）諸島を発見。この後一四九八年南米大陸などに到達します。彼は三回にわたって上陸しますがそこが北米大陸だとは気づかず、アジアとばかり思い込んでいたようです。

ポルトガルに先を越されていたスペインはブラジルを除く南米大陸や北米大陸の中部地域を植民地化し、ポルトガルと二分します。スペインは日本にもやってきていました。ポルトガル人の種子島渡来より六年後、ザビエルがキリスト教布教のため鹿児島にやってきたのです。

ポルトガル、スペイン両国は大西洋、インド洋の制海権をほとんど独占し、植民地の金、銀その他の資源獲得で財を築き、国力増進をはかり、軍事力も強化されます。けれどスペインの無敵艦隊（アルマダ）が一五八八年八月、英国を襲撃したが逆に大敗北を喫し、制海権を奪われたことで海洋王国スペインの権威は失墜します。

ポルトガルもオランダに駆逐され、植民地競争から脱落します。東南アジアの覇権争いに敗れたからです。一五八一年七月スペインから独立したオランダは建国以来スペイン・ポルトガル連合とライバル関係にあり、とくに一六〇二年三月、現在のインドネシア首都ジャカルタに東インド会社が設立されると商権をめぐって先発組のスペイン・ポルトガル連合との覇権競争が激しくなります。

オランダより二年早い一六〇〇年、英国はインドに東インド会社を設立しています。彼らの狙いはアジア地域の植民地支配と特産品の香辛料、生糸、絹織物および金銀等の地下資源獲得で共通しています。

オランダは一六四一年十二月アジアにおけるポルトガル最大の根拠地マラッカを占領します。スペインに対してスペイン船に向けて物資を積載する中国船を拿捕し、物資を横取りするなど妨害を加え、一六四二年台湾を占領。かくして後発のオランダは東南アジアから両国を駆逐し、東洋制覇を確実なものにしてゆきます。これと並行してオランダはポルトガルからエルミナ城を奪い、奴隷貿易の権益も手に入れ、あるいは一六〇〇年三月、暴風雨で日本に漂着したのを機に日本との交易も始まりました。

オランダの矛先は英国にも向けられます。一六二二年二月アンボンで英国人らを大量虐殺し、貿易同盟が崩壊すると完全に敵対関係となり、英国を揺さぶります。平戸やタイから英国商館が撤退したのはオランダが妨害を加えたからです。

しかし次第にオランダの国力は低下し、英国、仏にその座を奪われます。一七七五年ジェームズ・ワットが蒸気機関の改良を契機に英国の産業革命が始まり、ヨーロッパの工業化が急速に発展します。これにつれて海外貿易もモノの売買による重商主義から工業製品輸出中心に移行し、英国、仏の繁栄に比例してオランダは覇権競争から去るのでした。

(四) 米大陸植民地化と奴隷と

たとえば蒙古帝国を築いたチンギス・ハーンのように中央アジアからインド北部、東ローマにまで版図を拡大するなど遊牧民族による植民地支配の歴史もありますが、一般的に世界の植民地支配はこのように区分されます。一五、六世紀はポルトガルおよびスペイン、一七世紀はオランダ、一八、九世紀は英国、仏というように。

スペインの援助を受けたコロンブスの米大陸到達がなされると、この新大陸を目指して英国、仏、蘭から多数の植民が流れ込んで領地拡大をはかり植民地支配が熾烈化します。

現在の米国の面積を見てもおよそ九八〇万平方キロメートル、日本の約二六倍。東欧を含む全ヨーロッパを飲み込むじつに広大な土地を有しています。それだけにめぐまれた豊富な資源は無尽蔵にも見えます。

カナダ国境や大西洋側のアパラチア山脈には針葉樹林や石炭、カルフォルニアには石油、ロッキー山脈には金銀硫黄、ボーキサイト、五大湖スペリオル湖岸には鉄。これらの地下資源や肥沃な土地が手付かずの状態で眠っています。

新大陸とはいってもむろん無人ではありません。ヨーロッパ人にすれば初めて見つけた大陸ゆえ新大陸に違いありませんが紀元前二万五〇〇〇年ごろにはすでにネイティブ・アメリカン、いわゆるインディアンといわれた先住民が暮らし独自のテリトリーと文化、伝統を保っていました。したがってネイティブ・アメリカンにすればヨーロッパの移民たちは〝よそ者〟ということになります。

ただし多くは狩猟、漁労を生業にする民族のため地下資源を利用する知識も技術も持ち合わせておらず、地下深くに埋もれたままでした。ヨーロッパの移民たちは新大陸を眠れる大地、未開の荒野と見なし、自分たちを荒野を切り開く開拓者、文明の使者と振る舞い、一獲千金の野心を抱いて続々とやってくるのでした。

米大陸の植民地支配は英国によって始まります。一六〇七年五月大西洋岸のバージニアにジェームズタウンを建設し、この後一六二〇年十二月清教徒たちがバージニアのはるか北プリマスに植民地を建設します。

清教徒とはピューリタンとも呼ばれ、おもに商工業者が信仰する宗教でした。一六世紀末、英国国教に憤慨する彼らは自由と権利を掲げる議会派に呼応して英国国王の専制政治を打ち倒します。この政変に多数の清教徒が加わっていたことから清教徒革命ともいわれます。

革命後の一六四九年五月英国は王制を廃止して共和制に移行します。清教徒の一部は英国を脱出し新天地を求めてメイフラワー号に乗り、大西洋を越えて米大陸に渡ってくるのでした。けれどじつは英国よりずっと早く米に乗り込んだ国があります。スペインです。一五六五年スペインはフロリダ半島セント・オーガスチンに植民地経営の拠点を築いていました。同じ年の二月、太平洋ではフィリピンを征服し、植民地支配を達成しています。

スペインはさらに一六〇七年ニューメキシコのサンタフェに進出し、アリゾナ、オレゴン、カルフォルニア、ネバタなど中西部および中南米のメキシコ、チリ、アルゼンチンなど広範囲にわたって植民地支配の版図を拡大してゆきます。

一六八一年三月には英国人のウィリアム・ペンが北部ペンシルバニアを植民地にします。仏も新大陸の争奪戦に割り込みます。仏探検家ラ・サールはミシシッピー川を南下してメキシコ湾に達し、広大な流域をルイジアナと名付け河口の街ニューオリンズに植民地の拠点を構えます。

仏は南部のフロリダをほしがっていましたが、スペインに撃退されたため北部カナダを植民地にします。カナダもすでに一五世紀末にはイタリア人によって探検されていました。

カナダ入植後の一七四四年七月、英仏戦争が勃発。八年におよぶ長期戦争後仏は敗れ、カナダは英国領になります。けれど仏勢力は衰えを知らず一八四八年スペインから独立したメキシコを敗り、南西部を獲得します。この年の一月カルフォルニアで金鉱脈が発見され、砂金採りを目指すひとびとが殺到し、カルフォルニアはたちまとゴールドラッシュに沸き返ります。

米大陸にはこのように英仏スペイン、そして一七世紀初頭にはニューヨークを植民地にした蘭なども足を踏み入れ、一七七六年七月の米独立後には南欧、東欧諸国のいわゆる新住民が移住し、さらにアフリカ系も混じり、米国はまさにさまざまな人種、民族が混在する多民族国家へと変貌します。

(五)奴隷がささえた植民地経営

西欧人の植民地経営と奴隷とは不可分の関係にありました。西欧人たちは米大陸を征服し、新しい主人公となって広大な領地を独占します。同時に彼らはそこでの地下資源、あるいは土地開発の利権を獲得し、莫大な富を築き上げます。

今日米国は世界屈指の経済大国として君臨します。じっさいゴールドラッシュに沸いた西部開拓時代と同様に現在でも一獲千金のアメリカンドリームにあこがれ、国境線突破の危険をおかしてまでも米国に密入国する人たちは後を絶ちません。けれど発展には奴隷制度が大きく存在していた事実を見過ごしてはいけません。米国の繁栄は奴隷によって築かれたともいえるからです。奴隷とは、ではどのようなものでしょう。

「奴隷とは、自動車とか家とか机が所有されるように、ほかの人間によって所有されること。売り飛ばされることのできる財産の一部として生きること。人間とはみなされないでひとつの物として考えられていること。奇妙なことにその物が畑を耕し、木を切り、食べ物を料理し、他人の子供を養育するのだ。おまけにその物の唯一の機能を決定するのはその物を所有する人間なのだ」

黒人作家のジュリアス・レスターは『奴隷とは』のなかでこのように伝えています。

手元にある百科事典でも、「人間としての権利がなく、持ち主の財産として売買され、労働させせられた人間」であるとして奴隷にされるものは、「戦争で捕虜になったもの、借金を返せなくなったもの、または罪人として刑罰を受けたもの」などと述べています。

アレックス・ヘイリーは一九七七年小説『ルーツ』を出版し、テレビ放映もされて大きな反響を呼びます。筆者もこのドラマを見ましたが、作家は六代前の祖先であるクンタ・キンテを主人公にして、彼が黒人奴隷としてガンビアから米国に渡り、農奴として使役される経緯を綴っています。

ガンビアとは西アフリカに位置する、英国の植民地です。ガンビア、セネガル、ギニア、リベリアなどギニア湾に面した海岸地帯は「奴隷海岸」といわれます。アフリカ各地から連行された黒人奴隷たちをここに集め、商品として米大陸やアジア地域に送り出したことから名付けられたものです。

世界地図を開くと西アフリカにはこのほか「象牙」「黄金」「穀物」などを冠した海岸があることを知ります。構図は奴隷海岸とほぼ同様でしょう。宗主国は植民地から産出された象牙や穀物を集積し、貿易船で世界に輸出されるということです。

アフリカは巨大な奴隷供給源でした。ほとんどが植民地だったからです。第一次世界大戦前の一九一四年段階で、独立国はエチオピアと南アフリカ、わずか二ヵ国だったのです。このほかの地域は仏、英、伊、ベルギー、スペインなどが分割支配していました。これら宗主国は植民地から人的物的資源を吸い上げ、巨利をむさぼっていたのです。

人的資源とはつまり奴隷です。前述したように奴隷は「物」ですから「商品」として売買され、「消費」されてゆきます。買い手は主に米大陸を征服した白人でした。彼らは領地拡大にともない労働力を必要としていたのです。わけても最初に大陸に入植した英国人にはジェームズ一世から人頭権が与えられていたことで土地の拡大化がすすみます。

人頭権とは、入植者たちは五〇エーカー（約六万一〇〇〇坪）の土地を与えるほか人数分の渡航費を支払った者には人数分の土地を与えるとしたものです。裕福なブルジョアジーであればあるほど人頭権を利用して広い土地を手に入れ、新天地での成功のチャンスが開かれるわけです。

入植者たちは当然ながら自給自足の生活でしたが、ネイティブ・アメリカンが儀礼等で用いたたばこに着目し、成功を納めます。たばこ栽培の本格化で集中的に耕作するプランテーションも各地に拡大し、たばこは米国の主要輸出品目に成長します。

増産と労働力確保は比例するものです。これを補ったのが奴隷商人でした。当初入植者たちは先住民たちを雇用しましたが、彼らは広大な平原に暮らす部族であり本質的には自由人。西欧の複雑な社会システムや管理された生産方式には馴染めません。しかも入植者たちと交流することで彼らが持ち込んだ天然痘やインフルエンザなどの伝染病は免疫をもたない先住民を苦しめ、壊滅状態に陥る村落さえ現われるほどでした。

先住民に替わったのが白人の囚人や貧困層の奉公人でした。彼らも農業や鉱山開発などに使役されたが年季や刑期が明ければ自立します。その点黒人奴隷はモノ。消費材ですから使い勝手がよく、第一供給に事欠きません。農場主の要求に応じたのが奴隷商人でした。

アフリカの植民地主義者はココア、ゴム、ヤシ油、落花生などの輸出作物に特化してつくります。黒人たちもこれらの栽培を余儀なくされました。黒人には人頭税が課せられているからです。人頭税とは黒人一人ひとりに課せられる税金で、貨幣で納めるものでした。税金を納める必要上、黒人もまた換金作物に特化して栽培しなければなりませんでした。

とはいえ農業は天候に左右されやすく不安定。そのうえ単一作物の栽培は病虫害の被害も受けやすいものです。納税が可能な人ばかりではありません。また黒人たちはアフリカの内陸部から港湾に物資を運搬するための道路建設にも徴用されます。

このように二重、三重もの義務を強制される黒人たち。これを拒否ないし納税が滞ればどのようになるか。雇用主のムチや棍棒による拷問、あるいはリンチにかけられました。とくにベルギー領コンゴで起こった残虐行為は直視できるものではありませんでした。

ベルギー国王のレオポルド二世はコンゴ全土の私有権を獲得します。これは一八八四年十一月から翌年二月にかけて開かれたベルリン会議で承認されたものです。同会議は黒人たちの抵抗や暴動を阻止するのを目的に宗主国がアフリカ大陸を分割統治するというものです。そのため先住民たちの民族文化などを無視し、恣意的に決められた国境線が設けられ、アフリカのほぼ全土が西欧列国の支配するところとなります。

コンゴを私有化したレオポルド二世の黒人に対する非人道的行為とは、彼らに割り当てた象牙やゴムの納税量が達しなければ手首、足首を切断する。さらには銃殺刑にかけるというものでした。しかも取締の黒人頭領は切断した手足をカゴに入れて領主に届け、証拠品として差し出したというのです。レオポルド二世のこのような蛮行は写真にも記録されているとのことですからけっして誇張ではない、事実です。

(六) 三角貿易は奴隷の商品市場

虐殺されないまでも義務を果たさなければ奴隷商人に売り飛ばされます。アフリカ各地から連行された黒人たちは一ヵ所に集められ、首枷足枷をはめられて監禁状態におかれます。それが前出のエルミナ城でありゴレー島です。ゴレー島はセネガル沖合に浮かぶ奴隷島です。

アフリカと米国、ジャマイカやドミニカなどのカリブ海諸島は近距離にあり、航海の便に適した要衝です。これらのほかにもナイジェリアのバタグラ、タンザニアのバガモロなどにも奴隷集積所があったといいます。

集積所はいわば黒人奴隷の商品市場でした。奴隷商人は黒人奴隷を競売にかけ、値段をつけて競り落としたものに売り渡します。この後黒人奴隷たちは奴隷船に乗せられ大西洋を渡って米大陸などに向かうのでした。

連行された黒人奴隷たちは一五〇〇年～一八〇〇年なかばまでの三五〇年間にざっと一五〇〇万人にのぼるといわれます。ただしこれは生きて大陸に渡ったもの。輸送途中に死亡したものは五〇〇〇万人とも六〇〇〇万人ともいわれますから膨大なかずの黒人が奴隷として連行されたことになります。

奴隷たちを商品として海外に輸出する奴隷貿易。これを「三角貿易」ともいいました。三角貿易とはどのようなものかといえばこうです。ヨーロッパ産の製品をアフリカに輸出します。この代価として黒人奴隷を購入し、奴隷を今度は米大陸に輸出し、売りさばきます。ここでまた利益を得て米国産の地下資源や農産物を輸入してヨーロッパで売る、ということです。

奴隷商人はしたがって三ヵ所で利潤をものにすることになります。ヨーロッパ製品をアフリカに売って得る利潤、アメリカ産商品をヨーロッパに売って得る利潤、奴隷を米国に売って得る利潤。

この仕組みから三角貿易というのですが、三角貿易による最大の受益者は英国と仏でした。産業革命で工業化が飛躍的に発展し、廉価な商品が大量に生産されます。アフリカやアジア地域はそのためかっこうな消費市場だったからです。

産業革命は生産の拡大と技術革新、海外進出を促進します。英国資本は米国北部に進出し、工業地帯を築き上げ、さらに南西部へと進出を伸ばそうとします。これが南北戦争の惹起要因となります。南北戦争は一八六一年から六五年まで続く米国の内戦でした。この戦争はあたかも奴隷解放を目指した人道的戦争のように語られますが結果としてそうなったにすぎません。本質は北部資本と南部資本の利害の衝突だったたからです。

工業生産の発展で北部資本家は新たな市場を求めて南西部に進出。このとき彼らのあいだから奴隷廃止の声が上がります。労働者主体の産業界に奴隷は必要ないからです。

南西部は典型的な農耕地帯。広大なプランテーション経営には奴隷は貴重な労働力であり欠かせません。リンカーンが大統領に就任し、奴隷廃止を唱えると南部一一州は合衆国を離脱して南北戦争に突入。北軍の勝利で内戦は終結し、一八六三年一月リンカーン大統領によって米国における奴隷解放令が宣言されます。

とはいえこれは法律上の措置であり黒人の社会的経済的位置はなおも変わらず、人種差別という別の形態をとり、米国の病巣となって現在も大きな社会問題になっているところです。また奴隷制度廃止にしても新しいものではありません。すでに英国は一八三三年、スウェーデンは一八四六年、仏は一八四八年、蘭は一八六三年、それぞれ廃止を決定していたのです。

アングロサクソン系の人種差別は黒人に対してだけではありませんでした。黄禍論もこの延長にありました。黄禍論とは日本人や中国人などの黄色人種を指し、一八九八年ごろ独皇帝ヴィルヘルム二世がさかんに用いたともいわれます。けれど米国では主として日本人移民を念頭に置いて語られます。

日本人移民は明治中期ごろよりハワイあるいは南北米を目指すようになり、北米ではカリフォルニアなど太平洋岸諸州に住むようになります。日本人移民は勤勉で長時間労働もいとわない。これだけでも白人労働者は気に食わず、このうえ日本人移民は皇室を崇拝し、米国文化を拒み、米国社会に同化しようともしない。

そのため労働組合を中心に日本人移民排斥運動が起こり、一九〇五年五月アジア人排斥同盟が結成され、一九一三年にはカリフォルニア州で日本人の土地所有禁止法が制定されます。

アジア人や黒人をターゲットに警察当局の不当逮捕や暴力は絶えず、これが黒人暴動などに発展するなど白人至上主義、白人優越思想は米国白人社会のいわば宿痾としてこびりつき、容易に除去しがたいものとなっているようです。

第二章　独立国家満州

(一) 蝶にたとえた平和な満州

前章の冒頭部分で植民地とはどのようなものかとの定義について触れました。「ある国の海外移住者によって新たに開発された地域。帝国主義によって原材料供給地、商品市場、資本輸出地をなし、政治上も主権を奪われた完全な属領」というのがそうです。そして満州国は日本の「政治上従属関係」にあったのか、満州国は日本に「主権を奪われた完全な属領」であったのか、とも述べました。

そこでこれから先はこの疑問に答えるかたちで話を進めます。論旨を理解しやすくするため、まず結論を先に明らかにしておくのがいいでしょう。満州国は日本の植民地などではありません。日本に「主権を奪われた完全な属領」などではなかったのです。満州国はれっきとした独立国家であり、領土領民を統治する司法、立法、行政機能を有する主権国家だったからです。

仮に日本が、西欧列国がアフリカ、中南米、アジア地域などの未開発地域でおこなった奴隷政策や植民地支配にならい、満州の人々を奴隷化し、自由も権利も与えず家畜のようにこき使い、領土を奪い、地下資源、労働資源、森林河川資源等の収奪と独占をたくらみ、自国優先政策を取っていたなら、西欧列国をはるかに凌駕する国力をたくわえ、超大国に達していたこと想像にかたくありません。

満州国は、日本にはない、そのため必要とする農業工業、軍事等の潜在能力をそなえた資源産出国だったからです。露米英が満州進出に躍起だったのも資源がほしかったからです。

満州の国土面積は日本の三倍。およそ一一三万四〇〇〇平方キロメートルです。これはまた独仏二ヵ国を合わせたほどの面積でもありました。東は遼東半島から朝鮮半島北部、現在の北朝鮮羅津につらなる長白山脈が屏風のようにそびえ立ちます。西はモンゴルに国境を接する大興安嶺および小興安嶺が延々とつづき、この東西のあいだに広漠とした満州平野が展開します。

満州がいかに平坦な国土であるのか。これを知るのは大連から北に六〇〇キロ離れた吉林省の公主嶺との高低差は二〇三メートルであったという事実です。六〇〇キロというのは東京から神戸市ほどの距離になります。満州がどれほど勾配のゆるやかな国土であるのか、これで想像できるでしょう。

満州平野を「一望千里」などとたとえます。視界のとどくはるかかなたまで遮るものは何もないというものです。満州開拓に入植した農民は手記で、「大豆畑の、一本のうねを耕すのに往復するだけで一日かかる」と述べていますが、満州の農地とはそれほどに雄大ということでしょう。

けれど反面平坦さゆえの弱点もあったのです。豪雨のたびに河川が氾濫して流域の農地が流され、甚大な被害に悩まされるのは緩慢な流れが原因だったからです。

日本の人々はこのような満州を蝶が羽根をひろげて日本海を渡り、こちらに向かって飛んでくるすがたを連想したものです。なるほど、言われてみるとそれらしく見えなくもありません。

というのはシベリアのハバロフスクあたりが蝶の眼の部分になり、南の大連、旅順が尾になります。そして西のほうの黒河、興安西省、熱河省にかかる部分がちょうど羽根を大きくひろげてはばたく、と見立てているのです。いかにも感性ゆたかな日本人らしい着眼です。

肥沃で広大な満州国土は農耕に適しています。満州建国後、長春から改められ、満州国の首都となった新京市には北海道の札幌市、ヨーロッパならユーゴのベオグラードと同じ緯度に位置しています。そのため冬季は非常に寒く一月の平均気温はマイナス一七度二分といわれます。

なにしろ鼻水、あるいは放尿ですら凍結し、氷の柱になるといわれるほどの酷寒です。けれど満州の人々はこの寒さも楽しみのひとつなのです。酷寒で氷結した湖面や河川はスケートリンクに早変わり。ウインタースポーツでにぎわいます。

農耕にとっても寒さはかえっていいのです。冬季期間中はたしかに寒さがきびしくあらゆるものが活動停止状態に陥り、じっと耐える日々がつづきます。しかし冬は「殖《ふ》ゆ」ともいわれるように内部にエネルギーをたくわえる時季でもあるのです。

四月ともなると日照時間が長くなり、十月ごろまでつづくからです。太陽のひかりをたっぷりあびた大豆、大麦、小麦、トウモロコシ、馬鈴薯などの作物は光合成を活発にし、生育を促進させてくれます。なので冬場は収穫が減少してもその分を埋め合わせてまだありあまる作物の増収をもたらしているわけです。

とはいうものの満州の国全体からみれば耕作地帯として有効に利用されているのは

長白山脈に源流を発する松花江流域や興安嶺を源流とする遼河流域ぐらいのものであり、きわめて限定的でした。

大部分は人の手が加えられることのない原始そのままの状態をとどめています。農業にしてさえこうなのですから、まして地下資源はいまだ地下深くに埋まったまま。石炭や鉄鉱石、アルミニウムの原料であるボーキサイトなどを採掘するには高度の知識、技術、機械設備などに加えて多額の資本を必要とします。

満州とはこのようにいまだ手付かずの未開発の地だったのです。したがって西欧列国が未開発の国々に対しておこなったように日本も満州の独立を認めず植民地化し、人びとには私有化を許さず、土地や財産を奪い、もちろん生命の尊重、民族の尊厳などもってのほか。暴力と拷問、支配と抑圧でひたすら牛馬のように使役し、農業のプランテーション化、地下資源の独占化をはかり、収奪をするものであったなら資源小国どころか資源大国となり日本は輸入国から輸出国に転じ、他国に資源供給をたよる依存態勢から脱却していたのにちがいありません。

けれど日本はそうしませんでした。満州を植民地とし、日本の利益、発展、繁栄のために満州を踏み台にする。このような反人道的な行為は道義的にも看過できなかったからです。それはなぜでしょうか。

西欧列国のように領土を奪い、資源をかすめとり、民族の生殺与奪権を握り、生かさず殺さず奴隷化し、ひたすら利潤の道具、手段として満州の人、資源、土地を利用するということをしなかったのはなぜでしょう。やろうとの意志があれば日本には十分な手段も実力もそなえていたにもかかわらず、です。

いくつか理由はあります。けれど基本的な点は、日本は満州に対して西欧人のように先住民たちを異民族と敵視せず、同じアジアの同胞として接し、融和をはかったことです。

同時に日本は、西洋民族によって長いあいだ侵略、植民地支配、隷属などを強いられていた負の歴史に終止符を打ち、アジア民族の復権、東洋の平和、近代国家建設、これらを目指すとの理想をかかげるものであったという点もあります。そのため日本は日本人の特権を許さず、民族や人種差別を排してともに協和し、満州の農業、工業、商業などの発展をはかり、政治的、経済的、文化的に成熟した近代的な都市国家を標榜したのです。

(二) 原野が短期間で近代的都市に

一九三二年三月一日、ひとつの国家がアジアの一画に誕生します。満州国が成立し、世界史に登場したのです。満州建国にむけた準備はこれより二週間ほどまえの二月十六日、奉天市（現瀋陽市）において張景恵、馬占山、熙洽、臧式毅の四名が大和ホテルにおいて一堂に会する、いわゆる四巨頭会議の場ですすめられていました。

四名は「東北行政委員会」の設置を決定します。同委員会は独立後の満州の国政をになう行政機関とするものであり、張景恵を委員長に選出します。同機関はいわば暫定政府の役割をもつものでした。

巨頭会議はこの後もつづき、国号を満州、政体は立憲君主制、国首は元清国皇帝愛新覚羅溥儀とすることで合意に至ります。これを受けて張景恵委員長は二月十八日午後三時、内外に向けて東北三省の独立を宣言したのです。

「これより党国政府との関係を離脱し、東北省区は完全に独立せり」

党国政府とは蔣介石率いる中国国民党政府をいいます。東北省区とは遼寧、吉林、黒龍江の三省を指します。これらの省は万里の長城より北側に位置することから漢民族は一般的に東北三省と称して漢土には含まない領域として区別しています。

張委員長の独立宣言は国民党政府、漢土との絶縁宣言でもあり、まさしく満州建国に向けた歴史的第一歩の瞬間でした。独立を契機に、そして満州の国土開発は本格的開始し、荒涼たる不毛の地であった満州原野は短期間のうちに驚異的な発展を遂げ、西欧列国が刮目するほどの近代都市国家へと変貌してゆくのです。

四巨頭による奉天会議の時点では満州国の首都は奉天と思われていました。奉天は長い間満州の中心都市として繁栄していたからです。清政府の前身である後金は奉天に居城を構え、初代皇帝ヌルハチは一六三六年四月、後金を改めて国を清とし、奉天を首都としました。そのため奉天は満州民族の故郷であり父祖の地ともいえます。

清は一六四四年、明が滅んだのち万里の長城を越えて北京に入城、首都を遷しますが、かわりに奉天府と称する地方政府機関を設置し、引き続き東北三省の行政をになっていました。そのため奉天は首都北京に次ぐ都市とされ、陪都とも呼ばれたものです。

このような理由から満州民族に特別視され、愛着をもたれている奉天。そうであれば建国後は満州国の首都になること誰も疑わないところです。にもかかわらずそうとはなりませんでした。首都は新京に決定されたのです。

奉天は満州の南にかたよりすぎている。新京は満州のほぼ真ん中に位置し、首都にふさわしい、という地理的理由に加えて奉天は、敵対する張学良軍が崩壊したあとも有力な軍閥勢力がおり、脅威的存在になっているといった軍事的要因とも大きく関係していたからです。

建国後わずか数年で満州の面目は一新します。満州の都市計画は、すでに一九〇五年九月の日露講和条約締結でロシアから譲渡された長春（当時）以南の満州鉄道の権利獲得を契機に沿線開発をすすめ、付属施設も徐々に整備されていましたが、翌一九〇六年十一月、南満州鉄道株式会社が設立されると鉄道付属地の買収が加速されてゆきます。

南満州鉄道株式会社創設直後の一九〇七年九月、早くも長春駅前に満鉄支社ビルと大和ホテルが大同大街をはさんで向き合うように並び建ちます。翌年には満鉄付属地としては最初の長春小学校が建てられ、一九一〇年には長春郵便局および長春警務署が完成しました。さらに一九一四年になると長春駅が竣工します。同駅は旅順、撫順、大連、奉天とならぶ五大停車場ともいわれ、満鉄の物流拠点として活況を呈していました。

首都の整備開発は長春駅前に整備された直径一八〇メートルの円形広場を起点にして東西南北に拡張してゆきます。長春駅前から南の建国広場に向けて幅三六メートルの大同大街が延び、途中に設けられた大同広場で今度は興安路、長春大街、民興大路などが放射状に整備されています。さらに大同大路に並行してもう一本、西側に順天大街が整備されました。こちらの通りは、のちに満州皇帝となる溥儀が居住する皇宮を起点として南の安民広場に通じる道路です。

じつは当初、皇宮は安民広場に建設する予定でした。ところが溥儀の側近などから、「天子は南に面する」という清朝古来の伝統的な都市建設にするとして、南に造営するのは伝統に反するとのクレームがつき、急遽、北の位置に変更するという裏話があります。

ただし皇宮は結局〝幻の皇宮〟と化します。太平洋戦争の激化にともなって建設資材、資金、労働者等の調達が困難となったからです。建設現場の周囲には高い板塀をめぐらし、国民の視線を遮断していましたが赤さびた鉄筋が野ざらしにされたまま建設途中で放置されていました。

順天大街はいわゆる官庁街になっていました。通りの両側には国務院政府をはじめ治安部、交通部、興農部、司法部などの庁舎や付属の官公署のビルが建ちならび、その裏手には公務員住宅が建ってます。

建築物に付随して国民の生活に不可欠な交通、通信、電気、上下水道、都市ガスなどのインフラ機能などもつぎつぎと整備されてゆきます。このほか街には「三中井」「三越」といったデパート、映画館、カフェなどがあり、皇宮より二・五キロほど西に離れたところには競馬場やゴルフ場などの娯楽施設もありました。競馬場では民族や人種の違いなくだれでも馬券が購入でき、観覧もできたものです。未成年でも入場はできたそうです。競馬といえば典型的なギャンブルですが満州では賭博性を薄めて大人も子供も楽しめる娯楽性重視だったのです。

またイギリスでは植民地の国民と英国人の観覧席を区別し、同席を禁じましたが、五族協和をかかげる満州ではこのような区別は認めません。じっさい日系、満漢系、白露系がなんら違和感なく熱戦に歓声を揚げ、日本人女性やロシア人女性の騎手さえいたほどです。

市街地にはバスが走り、特急「あじあ号」も快走します。「あじあ号」は満州建国後の一九三四年十一月に開通し、大連・新京間七〇一キロメートルを八時間三〇分で結び、翌年にはハルピンまで延長されるのです。「ファーン」という独特のエアフォーン汽笛で親しまれた「あじあ号」は全車両冷暖房完備。食堂車や展望車も備え、東洋ではいまだかつてない速度と快適性を誇り、まさしく「陸の王者」と称賛されるにふさわしい豪華な特急だったのです。

トラ、オオカミなどが跳梁する荒涼とした満州原野。そのうえ馬賊といわれる地方軍閥が横行し、ひとびとは彼らによる重税と苦役に疲弊していました。このような満州ゆえ産業の発達などとうてい望むべくもありません。権力、領地、私腹。これらの拡大のほか興味をもたない地方軍閥に産業の育成、国土開発、人びとの生活向上、国家の近代化等々、創造的発想などほとんどなきに等しいものでした。

このような満州ながら、日本に経営がゆだねられるとたちまち一変します。東洋のみならず世界的にもまれにみるスピードと確実性で近代的都市国家を築き上げ、人びとはゆたかな生活と自由を満喫し、戦争や紛争とは無縁の平和な社会を享受していたのです。はたしてこのような「植民地」、ほかに例があるでしょうか。満州でじっさい植民地支配の実害をこうむった国民はいたのでしょうか。

(三) 平和的な国民生活

満州は満・朝・漢・蒙・日の五つのほか白系ロシア、ユダヤ系なども加わる、異なる民族が混在する複合国家でした。白系ロシア人はロシア革命に抵抗したためソ連共産党の弾圧、ユダヤ人はドイツ・ナチス独裁の迫害などを恐れて避難してきた人たちでした。これらの民族がそれぞれ独自の文化、風俗、習慣などを保ち、これを侵害しないことを不文律としていました。

この点で建国神廟に天照大神を祭神にしたのは大きな失策でした。日本人の独善性が露呈したからです。建国神廟は三千万満州国民の精神的よりどころとする「一徳一心」を象徴するものとして一九四〇年七月、関東軍主導で創建されます。

このとき祭神をめぐって漢民族の信仰神、各民族共通の信仰神、日本神話の天照大神などの案が論議されます。けれど六月には皇帝溥儀が訪日し、伊勢神宮および陵墓等を参拝したことから祭神は天照大神と決定します。天照大神は『古事記』などに登場する伝説上の神です。日本人には理解されるとしても他の民族に通じるとはかぎりません。表立って反対はありませんでしたが陰では眉をひそめる人もいたようです。

このような国民感情との行き違いや住民間の日常的ないざこざはあったものの国家の存亡にかかわるような組織的、大規模な民族紛争、内乱等はほとんど発生しませんでした。

多民族国家の宿命として、何事か利害にからむ事件事故が発生すれば民族感情が剥き出しとなり、種族間対立が激し、暴動、内乱に発展しかねないものです。ソ連や朝鮮半島北部では国境線をめぐってザワザワした動きが絶えないものの、概して満州は平和な国民生活をいとなんでいました。これは中華民国とは大きく異なるところです。

中国はついぞ戦火が絶えたためしがなく、国土も人びとの心もすさみきっていました。一八四〇年勃発のアヘン戦争を契機に英・露・仏・独・米など列国に国土はつぎつぎと侵食され、半植民地と化してゆきます。日清戦争では「東夷」と称して軽んじた日本にすらあっさり敗れ、白旗をかかげるありさまでした。

義和団事件は弱体化した清国の威信回復をはかる民族主義運動でした。彼らは武器を取り、「扶清滅洋」を叫び、武力で列国排撃にでます。けれど日本も加わる西欧連合軍に鎮圧され、清政府の弱体化はいっそう加速します。辛亥革命はこれにとどめを刺すものでした。「滅清興漢」、すなわち漢民族の復権をかかげる孫文ら革命軍によっておよそ三〇〇年、連綿とつづいた清政府は一九一二年二月消滅。最後の皇帝宣統帝は退位します。

ところがこれでもまだ騒乱は治まらず、今度は清政府を倒した革命派同士の内ゲバ闘争が始まる、あるいは一九三〇年八月に中国共産党結成にともなう国民党政府との権力奪取をめぐる泥沼の国共内戦等々が際限もなく続くのです。

いつ終わるともしれない戦乱に中国民衆の心はすっかり倦《う》み、疲れはてています。しかも日清日露の戦争勝利を機に国力が増し、国際的地位も向上し、存在感を強めるなど発展いちじるしい日本とは正反対に中国は滅亡へと滑り落ちてゆくばかり。

このような中国ではもはや将来の希望など持てません。中国民衆が祖国に見切りをつけて満州国に向かうのは当然でしょう。満州国に行けば仕事にありつけ、収入も得られる。何より満州国は争いがなく、平和で安定した暮らしが営め、生活しやすい環境がととのっている国でした。人びとが望むのは安定した暮らしです。暮らしに不安がなければ将来に希望が持てるというものです。

不安を抱えているような暮らしではいかに金銭的に不自由なくても何かにおびえ、やすらぎはありません。満州の国民生活や治安の安定は司法制度や警察制度が確立し、厳正に守られているのが大きな要因でした。匪賊対策が効果を発揮したのもこのためです。

発展途上国の満州が抱える問題は少なくありませんでしたが、わけても匪賊対策は国内の治安維持にかかわるだけでなく日本の国防問題にも通じるため喫緊を要する課題でした。

一九三二年一月、板垣征四郎関東軍参謀は満州の治安維持強化をはかるため各省ごとに警備軍配置を決定するとともに陸軍参謀本部より多田駿大佐を招き、警備軍の軍事顧問に充てます。

つづいて板垣参謀は同年四月、関東軍主導で満州国軍をも創設。これらに合わせて奉天、黒龍江、吉林の三省の警備軍および関東軍直轄の靖安遊撃隊合計一四万兵力を再編成し、各地の匪賊防衛を固めるのでした。以後満州は国内の匪賊討伐および治安維持は満州国軍があたり、外征には関東軍が対処するとの任務態勢ができあがります。

満州国はさらに一九四三年四月、警察制度の改革を進め、司法面からも治安維持強化をはかります。国務院政府は甘粕正彦を民政部警務司長に就け、彼のもとで日本人警察官を募集し、訓練を施したのち満州各地に配属。同時に満漢系警察官もあわせて募集し、日本の警察講習所に派遣して講習を修了したものから順次満州各地に配置したのです。

甘粕正彦といえば一九二三年九月に発生した関東大震災に際して首都に発令された戒厳令下で無政府主義者の大杉栄、内妻の伊藤野枝を殺害した東京憲兵隊の大尉でした。軍法会議で懲役一〇年の刑が執行されるものの二年一〇ヵ月ほどで出所し、この後フランスに渡り、一九二九年満州に移住します。渡満後彼は関東軍の特務員となり、満州事変、溥儀の天津脱出などかずかずの裏工作に奔走し、謀略家の本領を発揮したことはよく知られたところです。

(四) 張作霖は緑林出身

さきに述べたように満州は馬賊上がりの地方軍閥が私兵集団を形成し、夜盗まがいの行動にはしり、民衆に苛斂誅求《かれんちゅうきゅう》をおこなうなど法も刑も確立しない、まったくの無法地帯でした。もっとも彼らに法律の知識や認識の重要性を求めてもどだい無理なこと。満州国成立後第二代国務院総理に就任する張景恵ですら文字の読み書きができない文盲だったのです。そのため執務のかたわら読み書きを練習していたというのです。彼だけではない、満州族の識字率はわずか三割といわれ、ひどく立ち遅れていたのです。馬賊に対して日本軍が「匪賊」と呼び、制圧に向かうことを「討匪」といったのはこのためでした。

満州の地方軍閥はもともと八旗に由来するものでした。八旗とは軍隊組織です。清政府は黄色、白色、藍色、紅色の四つに色分けし、さらに縁取りのある旗、縁取りのない旗に分けた八つの軍隊を設置し、満州族をこの八つの旗、八旗のもとに編成したのです。

満州は清王朝の父祖の地でした。けれど一六四四年九月、万里の長城を越えて満州から漢土の北京に首都を移したため民衆もこぞって北京に移住し、満州は極端な人口減少に陥り、領土の荒廃が深刻化します。それでも清政府は漢族の満州移住は認めず、「封禁令」を厳守したものです。聖地である満州を異民族の漢族に踏み荒らされるなど看過できなかったからです。

清政府が手を打ったのは父祖の地を守るため募集に応じたものには知県および防衛の役職を与えるとの優遇措置をもうけ、八旗兵に呼びかけたことです。応じれば領地と軍の総大将の地位が得られる。これほどおいしい話はまたとない。

これに応じた八旗兵のなかでも資力のゆたかな有力者はやがて軍閥あるいは地方長官などにのし上がり、支配地域の独占拡大を強化するのでした。このなかでひときわ頭角をあらわしたのが張作霖でした。のちに彼は「満州の覇者」などと称されますが、もとをただせば彼も馬賊上がり、緑林出身だったのです。

ただでさえ満州は北京からはるか離れた北方にあり、地理的にも物理的にも中央政府の目は届かず、したがって監視も統制も効果がありません。そのうえ清政府の権威は日増しに衰え末期症状にあえぐありさま。これが地方軍閥をますます増長させ、満州は彼らがなすがままとなりほとんど野放し状態です。

満州事変前年の一九三〇年、匪賊勢力は奉天省三万人、熱河省一万四〇〇〇人、吉林省一万人、黒龍江省六〇〇〇人といわれました。これらが互いに覇を競い、軍閥の群雄割拠が激化し、内乱状態に陥ります。

このようななかで奉天省の張作霖、黒龍江省の馬占山、吉林省の張景恵、遼寧省の臧式毅といった地方軍閥が勢力を伸ばし、とりわけ張作霖は隠然たる勢力を誇示していました。これには日本軍の後ろ盾があったからです。

張作霖も無学でした。三人の息子にそれぞれ「学」の文字を入れ、学良、学銘、学恩と名付けたのはこの反動からだったといわれます。けれど軍閥は学問ではない。必要なのは腕っぷしの強さと巧みな奸計、これだけです。張作霖はこれに長けていたのです。清政府の統制のゆるみをかいくぐり、アヘンや朝鮮人参の密売で蓄財をなして勢力を拡大し、張景恵や張作相を仲間に引き込みます。

日露戦争ではロシアのスパイとなり日本の情報を流しましたが、ロシアの敗北で日本の捕虜になって処刑寸前でした。けれど児玉源太郎に見込まれて処刑はまぬがれ、日本軍に寝返りします。

この後張作霖は袁世凱と手を組み勢力を伸ばします。袁は清政府崩壊後に成立した国民党政府から孫文らを放逐して総統に就任し、張作霖も懐柔して満州支配をくわだて利権を横取りする魂胆でした。

ところが張作霖の腹芸もなかなかのもの。国民党政府に帰順するかに見せてじっさいは北洋軍閥の権威を利用して自派の勢力強化を着々とすすめるのでした。一九一六年六月袁世凱の死去と同時に満州の支配権を奪取し、三省を支配下に置く『満州の覇者』となり、一九二七年には北京に入り、大元帥を名乗ります。

日本軍も張作霖に軍事顧問を派遣し、武器、弾薬、資金も提供するなどで支援を惜しみませんでした。むろんこれは日本側にも張作霖には利用価値があるとの打算があったからです。

つまり彼を、国民党政府軍の弾除けにするということです。蔣介石が「山東以東には侵攻しない」として満州に攻め入る意志がないことを知ると、それまで支援していた張作霖から手を引いたのがその証拠です。

これだけではありません。一九二八年四月国民党軍が北伐を開始すると「河南の戦い」に敗れた張作霖が北京を放棄し奉天に退却する途中、奉天付近の皇姑駅通過後、列車爆破事件に遭遇し、爆死します。列車爆破事件は関東軍参謀河本大作大佐の謀略によるものでした。

事件の背景にはけれど張作霖の背信行為もありました。事件発生の前年六月、東京で開かれた東方会議で田中義一首相が表明した満州の権益擁護および自衛措置に関する声明にもとづき、張作霖にこれらを要求するものの拒否される、というものです。つまり張作霖は日本についても面従腹背で対処したということです。

張作霖亡きあと嫡男の張学良が奉天派を継承し、国民党政府の軍門に下り青天白日旗を掲げます。これには、日本の圧迫ないし干渉を受けた場合には国民党全軍をもって反撃するとの蔣介石の強い圧力があり、張学良が屈したものです。彼はこれで蔣介石国民党政府の支配下におかれ、反日侮日行動を強めてゆきます。

張学良の存在は日本、とくに関東軍にとってきわめて危険なものでした。奉天という満州の中心都市に位置するところで、強力な武装組織が反日プロパガンダに蠢いているからです。満州は日本のカナメでした。対ソ戦略上、資源および農産物の供給地、農業移民受け入れなど切っても切れない関係にあり、これが満州は日本の「生命線」といわれるゆえんです。

張学良の行動は日本が満州に有する権益奪還をくわだて、「生命線」の遮断をねらうものであり、黙視しがたいものでした。満州事変勃発は日本の権益の横取りをねらった張学良のよこしまな奸計が要因だったのです。

(五) 金日成も匪賊だった

満州事変後、奉天の根拠地から南の錦州に敗走した張学良軍は一九三二年一月、関東軍に白旗をかかげ、満州から放逐されました。彼は蔣介石の合流圧力、これに対抗する日本側の合流阻止説得などの狭間で決しかねね、揺れ動いていましたが結果的に蔣介石側にかたむき、そして関東軍に敗れます。

満州が平定されると逃げ場をうしなった敗残兵は追い詰められて辺境地帯に流れ込み、匪賊らに合流します。このため匪賊勢力はたちまち膨れあがり、三〇万人にも達したといいます。満州事変前は六万人ほどでしたから敗残兵がいかに多かったかわかります。

辺境地帯は匪賊の巣窟でした。なかでも共匪といわれる、中国共産党につらなる匪賊がさかんに蠢いていました。通化省臨江県は共匪の根拠地と化しています。臨江県は朝鮮半島と国境を接し、朝鮮北部から遼東半島にまで長白山脈がつらなる峨々《がが》たる山岳地帯をなし、攻めるには困難な要害の地形を有しています。この地の利を生かして東北抗日連合軍第一路軍の楊靖宇や朝鮮独立派の、抗日連合軍第七師長の金日成らが五〇〇〇人の匪賊を糾合し、住民から食糧および労働力を徴発して日本軍を脅かしていました。

金日成はのちに朝鮮民主主義人民共和国の首相となりますが元は匪賊の親玉だったのです。また金日成という名も偽名であり、金成柱というのが本名なのです。なぜ偽名を語ったかといえば経歴を粉飾するためでした。本物の金日成は朝鮮革命の伝説的英雄でした。金成柱は自分の偶像化、神聖化を国民に強要するため臆面もなく金日成の名を詐称し、みずから英雄伝説を創作するのでした。

さらに金日成こと金成柱は白頭山を根拠地に革命軍を率いて抗日パルチザンを展開し、日本軍との激戦をくぐり抜け連戦連勝を誇ったとの伝説を作り上げます。これまた真っ赤なうそ。彼の歴戦といえば一九三七年六月、部下をしたがえて鴨緑江を渡って朝鮮側の咸鏡北道普天堡の日本人官公署に夜襲をかけたぐらいでした。ほとんどは中国共産党の手足になったにすぎず、人民革命軍を率いた本格的な戦闘経験などなかったのです。

ともあれ匪賊の出没に苦慮する通化省の地方政府は匪賊の糧道、武器弾薬などの補給ルートを遮断するため次のような対策を講じるのでした。各地に散在する住民を一ヵ所に集めた集家計画、自衛団の創設、防衛陣地の構築、交通通信網の整備、住民の国防意識、国家の帰属意識などの強化をはかり、匪賊の脅威から住民を守るのでした。

治安悪化の要因は匪賊だけにかぎりません。満州国内にも存在しています。反満抗日を唱えて暗躍する地下組織や秘密結社などの動きもあります。構成員はだいたい民族主義者ないし共産党シンパに大別され、大学、農民組合、青年団などに潜入し、宣伝工作をおこないつつ反政府運動を画策するのです。けれど、おおかたは事前に露見し、警察当局に検挙されるかあるいは満州国軍と警察が連携して鎮圧するかで大規模にいたらず収拾しています。

国家転覆や内乱などをねらった政治的破壊活動もないことはなく、殉職された警備隊員もすくなからずいます。けれど暴力で平穏な社会を攪乱する彼らの破壊活動など人びとの支持を得られるはずもなく、成功した例はありませんでした。

内乱や破壊活動が不発に帰したのは司法制度、警察制度の確立による治安対策が正常に機能していたからに相違ないが、民度の高さも作用しています。すなわち「治外法権」の撤廃と「人権保障法」の制定です。

前者は満州における日本人の特権的待遇を廃止し、国家理念の五族協和の精神にもとづいて日本人も他の民族と同様の待遇とするというものです。後者は、人種や民族の違いを排し、満州国民には等しく自由と権利の享受を保障し、私有財産、職業の選択、居住地の移動等々を認めるというものです。

満州国が日本の植民地であるというならばなにゆえこのような自由と権利が満州の人びとに認められているのでしょう。統制、抑圧、支配。これこそが宗主国の植民地経営の要諦ではないでしょうか。

第三章　植民地支配の手法と形態

（一）植民地支配の手法

植民地とひとくちに言っても、支配の手法にはさまざまな形態を帯びているものです。政治的支配、経済的支配、軍事的支配。さらには自国の余剰人口を移民というかたちで移転させ、移民による土地占拠などの移民支配もそのひとつです。

けれど、どのような形態であるにせよ植民地は支配する側、つまり宗主国の利益にかなうものであることが前提であり、自国を中心に発動されるという点で共通しています。これは当然です。宗主国にとって植民地の存在は政治的経済的軍事的価値以上でも以下でもないからです。他国の干渉や介入を許さず、自存自立を確立している国家であれば元来植民地などにならないものです。

植民地の獲得にも多様な手法があります。武力によるもの、経済力によるもの、文化力、文明力によるものなどです。武力行使による植民地獲得は一般的であり、あらためて言うまでもない、敗戦国に対する戦勝国の領土獲得にともなう植民地化です。蘭の台湾やインドネシア植民地化、仏のアルジェリア植民地化、米国のフィリピン植民地化などの例を挙げることができます。

経済力による植民地獲得も古典的な手法です。ただしこの場合もしばしば武力行使をともなうため軍事力と一体的です。英国の香港、ポルトガルの九龍半島、仏、蘭等による東南アジア地域およびアフリカ地域、スペイン、ポルトガルによる中南米地域などがそうです。

近年の例として中国による、いわゆる『債務の罠』もそうといえるでしょう。経済力による新たな植民地獲得手法を展開しているからです。

一帯一路構想をもとに経済の覇権主義をもくろむ中国は、おもに発展途上国をターゲットに国際援助という名目の財政支援を行ない、鉄道、港湾、道路などのインフラ建設を推進します。けれど支援を受ける国はもともと建設に必要な財源も人材も技術力もとぼしい。

それゆえ他国の援助にたよるわけですが、得てして返済能力をはるかに超える援助をうけるため多額の債務を抱え、借金漬けに陥ります。その結果どうなるか。債務国は借金のために債権国の政治的介入や干渉を受けることになり国政運営に影響力を行使します。これが『債務の罠』です。

中国はこの手を使って債務国に対する政治的経済的介入を強化しているのです。典型的なのがスリランカやエチオピアの例です。スリランカは中国資本をもとに大型プロジェクトを進めましたが、バンバントタ港建設にかかる費用一三億ドルの債務返済が不可能となったため、中国企業が救済するかわりに九九年間、同港を独占的に借り受ける契約を結んだのです。これはいわば租借権の設定であり実質的に同港は中国所有の港湾になったことを意味します。

エチオピアも全土の道路の七〇パーセントは中国の資金援助で整備されたものの債務額は国内総生産の六〇パーセントにも達することになり、膨大な借金返済に疲弊しているのが実状です。

文明・文化による植民地獲得にはキリスト教の伝導にみられる文化支配、ないし侵略があります。これには白人の清教徒による北米大陸のいわゆるインディアンあるいはアジアの黄色人種に対する同化政策などが挙げられます。

カナダや米国では一九世紀から一九七〇年代にいたるまで北米大陸の先住民の児童

たちを親元から強制的に引き離してキリスト教会や寄宿学校に収容し、徹底した洗脳と民族同化、浄化政策を実施していたのです。けれど白人移民たちが持ち込んだ伝染病に対する免疫力を持たない先住民たちは成人も児童も伝染病に冒される、あるいは虐待を受けるなどで多数の死者が発生したものです。

このような事実は二〇二一年五月、カナダ西部のブリティッシュコロンビア州、中部サスカチワン州の寄宿学校跡地周辺で一〇〇〇体以上という大量の児童の遺骨が土中から発見され、さらに米国でも同年七月ペンシルバニア州の寄宿学校跡地から九体の児童の遺骨が発見されたことで明らかになったのです。

民族浄化、同化政策は白人優位、有色人種蔑視など人種差別に根差したものですが、これはけっして過去のものではありません。南アフリカ共和国では一九九〇年代までアパルトヘイト、いわゆる黒人に対する白人の人種差別政策が公然と行なわれていたし、中国では現在でもなお続いています。チベット族、モンゴル族、ウィグル族など少数民族に対する漢民族への同化、浄化が露骨におこなわれ、少数民族の習俗、言語、文字等の使用を廃するなどが知られています。

手法が多様なら植民地の支配形態も同様です。『中国人が死んでも認めない捏造だらけの中国史』（黄文雄・産経ＮＦ文庫）から引用すると以上のような形態に分けることができます。『占有』『併合』『買い入れ』『交換』『租借』『保護条約』『委任統治』などです。

(二) 植民地支配の形態

ではこれらの支配形態とはどのようなものかといえば、あらましこうです。

『占有』。これは一般的な形態といえます。いまだ誰からも、どこの国からも認知されておらず、未発見の陸地を最初に発見して上陸した国家もしくは個人を第一発見者とし、この事実にもとづいて発見した土地を領土とし、占有することをいいます。

この占有は国際法でも認知されているところであり、コロンブスによる北米大陸発見は占有の顕著な例です。占有はポルトガルやスペインによる大航海時代から始まり、やがて後発の英国、仏、独、蘭などに継承され、植民地獲得の大半は占有によるものといってよいほどです。

日本も多くはないが新発見によって占有した領土には小笠原諸島、択捉島などの北方四島、竹島、尖閣諸島などがあります。もっとも新発見とは征服者の論理であり、傲慢なものです。無人島でもないかぎりすでに住みつき、生活をいとなむひとびとがあり、独自の伝統や文化を継承しているからです。したがって土地は本来そのひとたちが所有しており新発見などではないのです。

『併合』。これはある国がある国の領土の一部ないし全部を譲り受け、自国の完全な主権下に置くことをいいます。領域獲得のひとつの方式として国際法上でも容認しているところです。けれど併合された国は主権を失うため国家としての存在は消滅します。そのため国民は併合前の国籍も失い、併合した相手国の国籍を改めて取得することになります。

ただし一九六九年の『条約法に関するウィーン条約』の決議により、武力行使をともなう併合は認めず、たとえ併合が成立しても無効とされました。けれど現実には武力行使による併合は今日でも続いているのが実情です。相手国の主権を奪うため併合は征服と同義でもありしばしば武力をともなうものです。

古くは一八四五年十二月の米国によるテキサス併合、一八四八年二月のカリフォルニア併合などがあり、第二次世界大戦前の例としては一九三六年五月の伊によるエチオピア併合、一九三八年三月の独によるオーストリア併合があります。

大戦後の例としては一九五一年十月の中華人民共和国によるチベット併合、一九六七年六月の第三次中東戦争によるイスラエルのエルサレム東部併合、ヨルダン川西岸、ガザ地区およびゴラン高原の併合などがあり、さらに一九九〇年八月、イラクによるクウェート併合があります。

さらにロシアによるクリミア半島併合はまだ記憶に新しいところです。この併合は二〇一四年三月、ロシア、クリミア自治共和国、セバストポリ特別市の三者による併合条約調印によるものですがウクライナの主権、憲法、領土等に違反するものとして国際連合および西側諸国は併合を認めていません。

武力行使によらないものとして一九九〇年十月のドイツ民主共和国（東ドイツ）のドイツ連邦共和国（西ドイツ）への併合があります。この東西ドイツの統一は米ソによる東西冷戦構造の崩壊あるいは戦後のヤルタ体制の終焉などともいわれました。

日本も一九一〇年八月朝鮮を併合し、一九四五年八月の日本敗戦まで続きました。このことが現在でも日本に対する韓国の人びとのトラウマとなり損害賠償の要求するところとなってます。けれどこれはじつに不当なものといわなければなりません。日本による朝鮮併合は日韓協約などにもとづく合法的なものだったからです。

『買い入れ・交換』。これは宗主国同士のあいだで行なわれる植民地の交換契約をいいます。交換にはバーター方式もあれば金銭による買収もあります。例としては英国から独立を果たした米国が合衆国を形成する過程で宗主国から植民地を買収したこと、英国が蘭とマラッカ・ベンクレーンを交換したこと、米国がロシアからアラスカを買い入れたなどがあります。

一九三五年一月、ソ連が保有する北満州鉄道の利権を一億四〇〇〇万円の巨額を投入し、日本が満州北部を併合したことも例に加えていいでしょう。ソ連との買収交渉は二年前の九月から始まったが買収額が折り合わず、幾度か中断しましたが決裂は避けられ、最終的にはさきの金額で落着します。

『租借』。一八五八年六月、日米修好通商条約締結で領事裁判権、関税率協定、横浜、神戸などの開港を容認し、事実上日本は欧米列国の租借権をみとめました。このように租借権は古くから用いられていたものであり、いたってポピュラーなやり方です。

租借とは条約や協定を結び相手国から領土の一部を借り受けることをいいます。租借の場合は年限を設定するか永久的とするかのケースがありますが、これは当事国間の交渉過程で決められるものです。

土地は相手国に貸すものの所有権は自国に帰属します。ただし租借権の設定は自国の権限がいっさい及ばないことを理解しなければなりません。租借地における統治権は租借した側にあるということです。そのため租借地は相手国の法的拘束を受けることもない治外法権が認められています。

租借地設定の例としてよく知られているのはアヘン戦争後に結ばれた南京条約や北京条約で英国による香港および九龍半島などがあり、一九九七年七月、中国に返還されるまでおよそ一世紀にわたって英国の植民地支配が続いたものです。

『保護条約』。これは双方の国家が保護条約を結び、一方の国が相手国の主権の一部を行使することをいいます。したがってこの場合主権を行使する側を保護国とし、行使される側は被保護国とされます。むろん保護国となるかどうかは双方の合意にもとづくものでなければならず、武力や強権発動などは認められないことはいうまでもありません。ただ、主権を相手国に譲渡するため併合につながる可能性も少なからずあります。

保護国の例としては第一次世界大戦後の一九一四年二月、英国によるエジプト保護国があります。これは一九五六年十二月の英軍のエジプト撤収まで続きました。モロッコも一九一二年三月仏の保護国となり一九五六年三月のモロッコ独立まで長期間続いたものです。

『委任統治』。これは信託統治ともいわれます。統治の形態は国際連盟当時の制度による従来型のほか第二次世界大戦後、敗戦国が統治していた地域から分離し、新たに先勝国が統治した地域、主権国が自発的に委任統治制度を適用するものなど三つに分類されます。

いずれの形態を選択するかは当事国間の交渉と協定などに委ねられますが、最終的には国際連合総会の承認を必要とします。委任統治の例として従来型は独の中央アフリカ地域、トルコの中東地域などがあります。国連成立後はカメルーン、ルワンダ、ソマリアなど中央、西南アフリカ地域が仏、伊、英、ベルギーなどの委任統治下に置かれました。

委任統治地域において施政を実施するものを施政権者といい、施政権者は独裁的、専制的政治であってはならず、委任統治制度の基本目的に則った被統治国の平和と自由の増進、人権尊重、自治ないし独立支援等をはかるとされています。

現在では委任（信託）統治の対象となった地域も多くは独立しました。戦後の委任統治は「戦略的委任統治」とされており、軍事的意味合いを強く含むものです。したがって一般的委任統治は国連総会もしくは信託統治理事会の承認を得て実施されるのに対して安全保障理事会の承認を必要とする点で大きく違います。

(三) 英仏の植民地支配の違い

植民地支配の形態例を挙げましたが、形態にはそれぞれ固有の構図をもっているのが分かります。とはいえいかなる形態を取ろうとも選択の権限は宗主国にあり、被植民地の生殺与奪は宗主国の手の内にあることで共通し変わることはありません。

植民地支配の構図といえば英国と仏の違いが特徴的です。植民地の支配統治においては英国はいわゆる間接統治政策を執ってました。これに対して仏は直接統治政策を執っていることです。

両国の違いはアフリカの植民地政策にはっきりと現われています。アフリカ大陸の植民地はあらかた両国が占めています。しかも両国はそれぞれ具合よくテリトリーを分け合い、住み分けを行なっています。英国はタンザニア、ジンバブエ、ソマリア、ウガンダなど主にアフリカ東部を統治しています。仏はアルジェリア、リマ、セネガル、モーリタニアなどアフリカ北部および中央部を独占しています。

英国の場合、植民地統治は間接政策を執っています。これはどのようなものかといえば、宗主国であるが自分たちは統治の前面には出ず現地の王族ないし部族長を統治者に据えて統治させるというものです。この方式は英国にとってじつに有効でした。植民地政策に抱く民衆の不平不満の矛先は王族等に向けられ、英国が直接矢面に立つことはないからです。英国の間接統治はじつに巧妙といえます。

仏は直接統治を執っていたので暴動あるいは反乱などが発生すれば、いきおい集中砲火の対象になります。仏の直接統治とは被植民地の仏化であり、現地人の仏化すなわち同化政策でした。この場合、仏が多数を占めそのなかに被植民地の人びとを飲み込むというものではなく、被植民地の有能な人材を仏本国に留学させ仏式の教育、知識、マナーを身につけさせ、これを「白いフランス人」ともいいますが、仏化した彼らをふたたび故郷に送り込んで統治現場に就け、現地人の同化政策をはかるというものです。

(四) 日本の韓国・台湾植民地化は合法かつ非暴力

日本も戦前、朝鮮や台湾を植民地にしていました。これは日清戦争後日本と清国間で調印された日清講和条約にもとづくものです。同条約で日本は韓国の独立承認、台湾、遼東半島などの割譲を清国に認めさせ日本の領土としました。ところが三国干渉によって遼東半島を清国に返還する屈辱を受けたことは前に述べたとおりです。同条約締結で台湾は日本の植民地となります。ただし調印当時韓国はまだ植民地ではありませんでした。これが植民地になるのは一九一〇年八月、韓国を併合したときです。韓国から朝鮮と国号が改正したのも併合が契機でした。

日本は清国から台湾を譲渡され、植民地としました。けれど元来台湾は中国領土ではなかったのです。台湾の先住民はフィリピンないしマレー半島から黒潮の海流に乗って到達した人びとといわれ、文化的にも彼らとの共通を多く持つといいます。

この台湾に漢民族を引き込んだのは蘭でした。蘭は一五八一年七月、スペインから独立します。蘭は宗主国となって海外進出を強化し、一六〇二年三月蘭東インド会社を設立してアジア進出の拠点を築きました。

続いて一六〇九年八月に長崎県平戸に蘭商館を設置し日本との貿易を開始します。けれど東南アジアから日本までは距離があり、途中で食糧や水、燃料を補給できる中継基地がほしいところです。

蘭は澎湖島を占領します。同島は明の領土。なので明は軍を派遣し蘭軍を撃退します。蘭は台湾に逃げ込み一六三四年台湾を植民地とし中継基地にします。蘭は同じくこの年ブラジル北東部を占領して植民地にしています。

台湾占領後蘭は漢人の移民受け入れを進め、台湾の資源開発に着手します。この漢人移民が現在の台湾の人びとの祖先といわれ、移民と現地女性とが結婚して生まれたのが現在の子孫たちです。蘭の台湾支配はけれど三八年で崩壊します。一六六一年六月鄭成功軍が台湾に攻め込み、蘭を一掃したからです。

鄭は母親が日本人女性。父親は明国人。長崎平戸で生まれます。彼は反清派で清国と戦うものの敗走続き。そこに台湾からやってきた何斌という男の手引きで鄭は大軍を率いて大陸から台湾に渡り蘭人を追い払うとともに台湾当地に活路を開くのでした。これが台湾の中国化の始まりです。

蘭による漢人移民が台湾の中国化第一波とすれば鄭成功の漢人軍流入は第二波、そして第三波は一九四九年十二月、中国共産党に敗れた、およそ一二〇万人ともいわれる蔣介石国民党軍が大量移入したことです。

台湾はこのように漢人移民によって次第に中国化してゆきますが、それでもまだ中国の統治権は確立しておらず決定的とはいえません。これが確立したのは一八七四年五月西郷従道の台湾出兵によるものでした。出兵とは三年前の十一月、台湾に漂着した琉球人四五名が台湾の原住民に殺害されたことに対する報復です。

このとき日本政府は清政府と交渉し、琉球の宗主権は日本にあることを認めさせ、かわって台湾の領有権は清国に帰属することを認めました。台湾が台湾省となり、中国の一部となるのも一九四五年九月一日のことでした。

このように歴史的経緯をたどれば本来台湾は中国領土ではないことは明確であり、中国政府はさかんに台湾は中国の不可分の領土であると主張し台湾独立を牽制するが、道理がないことがわかります。

日本が台湾や朝鮮を植民地にしたことは事実です。ただし韓国政府や中国政府が「奪った」「盗み取った」「掠め取った」など強い口調で日本を追及するのはとんでもない言い掛かりです。朝鮮も台湾も条約という国際法に則り、合法的に獲得したものであり、後ろめたさなどいささかもないことは言うまでもありません。韓国や中国が日本の植民地支配を繰り返し非難するかぎり反論しなければならず、言い過ぎることにはならないでしょう。

第四章 「植民地」満州に人権保障法

(一) 満州は自由と権利を認めていた

満州国には『人権保障法』が施行され、国民はひとしく自由、権利、人権が認められていたのです。

植民地の存在とは物的資源、人的資源の供給地であり宗主国の利益と発展、幸福に貢献する以上のものでも以下でもありません。そのため被植民地に対しては搾取と収奪、人びとに対しては支配と抑圧をもって強制的に統治します。もし統治にそむき、掟を破れば待っているのは拷問あるいは処刑などむごい仕打ちです。ひとびとは生きるか死ぬかの選択さえも自分にはなく支配者に奪われているのです。

典型的な例が奴隷制です。アフリカ大陸などから連行された奴隷たちは苦役にしたがい支配と抑圧こそあれ人間扱いされず、倒れればまるでゴミのようにポイ捨て。家畜と同じと言って過言ではないのです。植民地支配の実相とはこのようでありこれ以外ありません。それゆえ被植民地のひとびとに自由、権利、人権などもとより有り得るはずもありません。けれど満州国にはこれらを人々に認めていたのです。

満州が植民地というならば日本は支配と抑圧で統治し、自分の国の利益だけ求めればようのです。相手の国や国民の配慮はむしろ害にこそなれ、ためにならないものです。甘やかすことで反乱や暴動を生み、災いの元凶になりかねないからです。それにもかかわらず日本はこれをおこないませんでした。むしろ満州国民を大切にし、生命、財産、生活を守るための保護政策を執っているほどなのです。『人権保障法』がそうです。

満州国が日本の植民地であったとするならば支配と抑圧、搾取と収奪こそあれ自由と権利、人権の享受を認める『人権保障法』などはたしてあり得るでしょうか。満州の人びとにはこれが法律で明確に保障されていたのです。したがって同法の制定、このひとつだけでも満州国は日本の植民地などではなかったということがはっきりと証明できるでしょう。

満州国政府は一九三二年三月九日、教令第二号に基づいて『人権保障法』を公布します。同法は同年三月一日満州国が独立したのに際し国家の骨格をなす基本法制定のひとつとして政府組織法とともに制定されたものでした。三月一日満州国は独立しました。むろんこの段階ではすでに国号も年号も国旗も首都も正式に決定しています。

ここに至るまでの経緯をおおまかに説明しておくのもいいでしょう。二月十六日、張景恵、熙洽、馬占山、臧式毅の四名が奉天の趙欣伯邸に参集し、いわゆる「四巨頭会議」を開催します。この会議で「東北行政委員会」の結成ならびに張景恵の委員長選出をおこない、同時に蔣介石国民党政府からの離脱を表明し、独立宣言等が決議されたのです。

決議に基づいて四名はそれぞれ自分の意を呈した代表四名を立てて細部の詰めをおこなわせ、二月二十日までに以下のような素案が示されます。国体は君主制または不明とする。国号は大中国または大国とする。国首は監国等を置く、というものです。

素案は張委員長に提出され、同意も得られます。が、国首や国体に難色を示すものも少なくありませんでした。謝介石、羅振玉、熙洽といった側近は溥儀を皇帝とし、国体は帝政とする清朝復活を望んでいたからです。溥儀自身も土肥原特務機関長や板垣関東軍副参謀長らの訪問を受けるたび国首は皇帝、国体は帝政であるとの要望を繰り返し伝えていました。けれど結局彼ののぞみは断ち切られます。

二月二十一日溥儀は板垣副参謀長の訪問を待ち、東北行政委員会は満州独立を宣言したこと、政体は共和制としたこと、国首は皇帝ではなく執政であることなどの説明を受けるからです。

これによって溥儀は皇帝の復帰も、清王朝の復活も断たれたのです。板垣副参謀長からこのことを伝えられた時の驚きと狼狽ぶりを、溥儀がのちに上梓した『わが半生』のなかで、たばこを一本一本ひきちぎっては投げ捨てるほど心は千々に乱れ、身の置きどころがないほどの怒りと悔しさをおぼえたありさまをつづっています。

(二) 満州の政治体制が固まる

東北行政委員会は幾度かの会議と議論をかさね、二月二十五日、以下の点が確認されるのでした。政体は「民本制」、国首は「執政」、国号は「満州国」、年号は「大同」、国旗は「新五色旗」首都は「新京」。ただこのとき首都の設定についてはいくつもの候補地が挙がりました。溥儀や熙洽の要望は吉林に、関東軍は将来の国防上、戦略上の観点から挑南もしくはハルピンを希望します。けれど最終的には北京や張学良政権の圧迫や遺恨を避けるのを理由に長春を新首都に、とする趙欣伯の意見を採り、首都新京に落ち着きます。

これらの決定を得て三月一日、満州は建国宣言をおこない、独立を達成するのでした。この後板垣副参謀長は溥儀を迎え入れるため潜伏中であった天津の日本人租界地から旅順の保養地湯崗子へひそかに移動させた溥儀の滞在先を訪れ、三月九日新首都新京において溥儀の執政式を挙行するのでした。

溥儀・婉容夫妻を乗せたお召し列車が新京駅に到着すると二人は駅頭に待ち構えていた報道陣の前に立ち、写真撮影にこころよく応えています。溥儀夫妻が二人そろって撮った写真はこれだけであり、これ以外ないといわれます。それぐらい二人の仲は冷えきった関係だったようです。

それは当然だったかも知れません。溥儀は性的不能であったうえに性格破綻ともいわれているからです。のちに満州は民本主義から帝政に国体が改められ、溥儀も執政から皇帝に就きますが、世継ぎ問題を危惧し、側室の必要が真剣に討議されたものです。性格についても、気に入らないことや機嫌が悪いと側近を殴る蹴るなどのひどい暴行を加えたり罵声を浴びせるなどサディスティックな面もあったようです。

妻の婉容もそうでした。彼女は完全にアヘン中毒におかされ、介護を必要とするほど衰弱し、廃人同様だったといわれます。そのためついには発狂し、最後は哀れなすがただったようです。

二人そろってのツーショットは異例中の異例だったようですが、この後夫妻は出迎えの自動車に乗り込み、新京市内の仮執政府に向かいます。翌九日には執政就任式、あるいは庁舎前の庭園に設けられた国旗掲揚場での五色旗掲揚などの式典に臨みます。

国民も満州国の誕生をことほぎ、新京、ハルピン、奉天、旅順など主要都市の繁華街には晴れ着で着飾った親子連れが訪れ、満州名物の高脚おどりや獅子舞いが繰り出し、爆竹なども鳴らして祝賀ムードを盛り上げるのでした。

三月九日執政発足にともない溥儀は最高執権者として満州国を統治し、全国民に対する責任を負荷します。国民はこぞってこれを推挙するのでした。

執政発足と同時に一府三院七部で構成する満州国の統治機構を確立します。すなわち参議府、国務院、法院、監察院です。じつはもうひとつ立法院も加わるはずでした。けれど満州国では消滅まで一度も選挙はおこなわれず、立法議会も開催されずに終わっています。七部とは民政、外交、財政、交通、司法、実業、軍政の各部です。けれどこちらも内外情勢の変化にともない改革がすすめられ、消滅当時は外交、厚生、興農、国民勤労、文教、交通、司法、経済、軍事など九部となります。

りませす。

(三) 植民地満州に『人権保障法』制定

これら組織法制定により満州国における国家元首の地位、権限、国家機関の組織と権限が確立されました。中央政府は同時に三月九日『人権保障法』を制定するのでした。これはきわめて異例といえるものです。それだけにかえって瞠目すべきものがあります。

一九三〇年代当時、人権尊重に対する日本国民の意識はかならずしも高いとはいえず、声すらあがることはほとんどありませんでした。家父長制が重んじられ、男尊女卑があたりまえ。臣民思想で教育され、儒教精神を美徳とする。これが一般的な国民の認識でした。これは満州の人々もほぼ同じです。むしろ強いぐらいです。

満州族の識字率は一割にも満たず、読み書き計算ができないありさまです。じっさい張景恵はのちに国務院総理大臣となり、国政を運営する地位にありながら緑林の出身であり、文字の読み書きができず、執政のかたわら読み書きを練習していたといわれています。このような満州族の人びとに人権とはいかなるものか、まず理解は困難であったでしょう。

日本にもいまだ制定されておらず、異例ともいうべき人権保障法。ではいったい誰がこれに着目したのかという疑問を抱かれるに違いありません。これは松木俠法律顧問の意見具申によるものでした。彼は南満州鉄道の社員でしたが、一九三一年十月、板垣、石原らの「満蒙共和国統治大綱案」策定にあたって法律顧問としてこれに加わり、同大綱案の骨子に人権問題を挿入していたのです。それはこのようなものでした。

「(イ) 統治方針としては、内民意を尊重し、外門戸を開放し、内外人協力して産業の開発にあたる。外的の侵入に対しては断固排除する。官治行政の範囲を少なくし、自治的行政を行う。治安維持は保甲制採用。国防は日本に委任する。一般軍隊は国家治安維持に任じる。軍事、政治、外交に関しては日本の顧問を置き、また四方制度を改革する。(ロ) 政体は立憲共和国とし、大総統のもとに立法、司法、行政、監察の四院を置く」


策定後大綱案は陸軍中央部等にも上程され、建国後の組織法制定の骨格をなします。松木が当初しめした人権保障法の概要は以下のようなものでした。

「人民の自由、権利を保障し、義務を定める」
(イ) 身体の自由、公の権力による制度、(ロ) 財産権の保護、(ハ) 種族・宗教の別なく国家の平等な保護、(ニ) 国または地方団体、公務に参与の権利、(ホ) 官公吏に任用の権利、(ヘ) 裁判を受ける権利、(ト) 課税徴発等に対する法律上の保護、(チ) 公共の組織による経済上の保護、増進、(リ) 不当な経済的圧迫からの保護、(ヌ) 公共施設を享有する権利。

同案は国民ひとりひとりにこれらの権利を認め、国民本位に立った、民主的である点でじつに画期的なものでした。満州政府がいかに国民の権利保護に真摯であったかこれだけでも理解できます。国民中心、民意尊重は満州国がまぎれもなく近代国家を標榜していたあかしといえます。それだけに問いたいものです。これでもまだ満州を植民地とする根拠はどこにあるのか、と。

人権保障法は一九三四年三月一日、満州国が帝政に改められたのにともない実施されます。同法は前文および一三条で構成されています。条文は松木案をほぼ踏襲しているのがわかります。それだけ彼の先見性には優れたものがあったということです。

前文は、「満州国の統治を行う皇帝は戦時若は非常事変の場合を除くの外本法の各条に準拠して人民の人権及び権利を保護し、並びに義務を定めることに於いて行わざるべし」と謳っています。

つづいて条文は以下のとおりです。

（第一条）満州国大臣は身体の自由を侵害せらるることなく、（第二条）財産権を侵害せらるることなく、（第三条）種族、宗教の如何を問わず国家の平等なる保護を享け、（第四条）国または地方団体の公務に参与する権利を有し、（第五条）均しく官吏に任ぜらるる権利を有し、（第六条）請願の権利を有し、（第七条）法官の裁判を受ける権利を有し、（第八条）行政官署の違法処分により権利を侵害された場合にはこれが救済を請求することを得、（第九条）法令によるに非ざれば課税徴発罰款を命ぜらるることなく、（第一〇条）公益に反せざる限りは共同の組織により経済上の保護増進することを得、（第一一条）高利暴利その他あらゆる不当なる経済的圧迫より保護され、（第一二条）国または地方団体の公共による各種の施設を享有する権利を有する。

いずれの条項も注目されるものですが、とりわけ第三条や第六条はそれに値します。前者は宗教と信仰の自由、人権の平等を認め、後者は同法に抵触する不当な侵害に対しデモンストレーションをおこなう、請願の権利さえ与えているのです。満州国が植民地ならばはたしてこのような権利を人びとに保障するでしょうか。人権保障法は満州国民の生命、財産、生活の自由と権利を保障するものでした。

第五章　『治外法権』撤廃がしめす植民地論否定

（一）治外法権撤廃で日本人の特権廃止

日本政府は一九三七年十二月一日、満州国に有していた『治外法権』を撤廃しました。このことによっても日本の満州国に対する植民地支配論を否定することができます。

治外法権は日本人の特権を許し、日本人を他のひとびとの上に置き、別格扱いすることを認めるものだからです。したがって治外法権は植民地支配の象徴ともいえ、この権利を保有し、行使することがいわば宗主国のステータスでもあるわけです。そのため日本はこれをあらため、満州における『治外法権撤廃ならびに南満州鉄道附属地行政権移譲条約』を施行し、日本人の特権を廃止したのです。

治外法権とは、たとえばAという国のなかにもうひとつBという別の国が存在しているようなものです。しかもB国はA国の領域内にありながらA国の干渉や介入を許さず、法律の適用も受けず、自国の法律にしたがって行動できる権利が許されているのです。

つまりこのようなことです。B国の人がA国において犯罪を犯したとします。一般的な考え方からすると犯人は当然A国の法律にもとづいて身柄を拘束され、やがて裁判にかけられてしかるべき刑罰に服します。ところが特権が認められていることでA国はB国の犯罪者を拘束することも裁判にかけて裁くこともできないのです。治外法権とはこのようなものなのです。被害者にしてみれば自分の国の法律で犯罪者を裁判にかけられないなど認めがたく、釈然としないものです。治外法権とはそれほどに横暴で理不尽な権利といわなければならないものです。

じつは日本も理不尽な治外法権にずいぶん長い間辛酸をなめさせられたのです。一八五八年六月、神奈川沖に停泊中の米国軍艦ポーハタン号上において締結した「日米修好通商条約」がそうです。一四ヵ条でなる同条約で日本は米国の領事裁判権、協定関税制度、長崎、兵庫、神奈川、新潟などの開港などを認めて調印します。

むろんこれは日本にとってきわめて不利な不平等条約というべきものです。領事裁判権とは相手国の国民が日本国内で犯罪を犯しても裁判権は相手国にあり日本の裁判は適用されません。協定関税率は関税の自主権を認めないことです。

本来近代国家において関税率は双方の任意で定める権利を持っています。けれど協定関税率は相手国の同意なく日本は自主的に関税率を決定することができないのです。開港はまさしく相手国の租借権を認めることです。したがって同条約は米国に対し特権的待遇を与える、治外法権を容認するものなのです。

同様の条約はこの後英露蘭仏などとも結んだことから「安政の五ヵ国条約」とも言われます。日米修好通商条約締結はいまだ国際条約について外交政策に精通せず、したがって不平等であるかどうかさえも知らない日本の弱点を衝く、欧米流の狡猾なやり方に誘惑されたものです。

けれど次第に多国間との協定や条約を結ぶなかで国際政治、外交関係の知見を積み、明治政府になると不平等条約の改正問題が論議されるようになります。わが国が自立をはかり、国際社会の一員として欧米列国と比肩するにはまずもって片務的な不平等条約を破棄し、対等な、相互互恵の条約に改めなければならないことがわかったのです。

英国ほか一四ヵ国との領事裁判権制度撤廃が調印されたのは一八九四年七月でした。関税の自主権はさらに遅れ、一九一一年二月、日米新通商航海条約調印まで待たなければなりませんでした。「安政の五ヵ国条約」からじつに半世紀も経てようやく日本は欧米の不平等な扱いを解消し、まともな国家として自立を果たしたのです。

治外法権の容認、関税の自主権放棄は独立国家としての尊厳をいちじるしく損なうものであり、国民にとっては屈辱のほかなにものでもありません。したがって同じ経験を満州に強いるのは国際法上からも道義的にも好ましいことではありません。不平等条約を改正するための明治政府は大変苦労したことも知っているからです。相手国と何度も交渉をかさねるものの進展せず、完全に解消するまで半世紀もの月日をついやしたことはさきに述べたとおりです。これは当然だったかも知れません。どちらも国益がかかっており、交渉とは国益のぶつかり合いだからです。

満州国に同じ苦い思いをさせるのは許されないことです。ただしだからといって満州における日本国の治外法権行使は不当ということではありません。清国が欧米列国と結んだ開港、租借権、あるいは商工業上の機会均等などに関する条約締結で認められた合法的な権利だからです。

そのうえさらに日本の場合は一九一五年五月、日中間で調印された『対華二一ヵ条』の「南満州および東部内蒙古に関する条約」の第三条で、「日本国臣民は南満州において自由に居住往来し、各種の商工業、その他の業務に従事することを得る」と定めています。

また、満州国成立後の一九三二年九月に締結された『日満議定書』でも、日本人が満州に所有する権利や利益を承認してもいるのです。そのため日本人の、満州国における治外法権行使は合理的であり非難されるものではなかったのです。

とはいっても治外法権とはいわば他人の家にわが物顔でズカズカと踏み込むようなもの。踏み込まれたものにすれば愉快なはずがありません。まして満州は独立国家です。領土、領海、領空、領民を統治する中央政府を有し、国家としての尊厳もあります。日本の植民地でも属国でもないのです。

満州国のこのような立場や地位保全から治外法権撤廃を要求する声が日満双方から次第に高まってきます。とくに関東軍参謀であった石原莞爾中佐などは撤廃に積極的であり、日本人の特権意識に大ナタを振ったものです。

（二）治外法権撤廃と特殊権益破棄

冒頭で述べたように満州国の「治外法権撤廃ならびに南満州鉄道附属地行政権移譲条約」は一九三二年十二月に施行されました。これによって満州国における日本人の特権は廃棄され、満州国民による満州国民のための満州国体制が整います。けれどももちろん施行は突然決定したものではなく、施行にいたるまでには日満双方にさまざまな動きがありました。当然です。同条約の締結は満州国が保有する日本国の「特殊権益」および「特殊地位」の破棄を意味し、不利益を被ることになるのですから。それでもあえて日本は条約を受諾します。

条約締結に深く関与した板垣征四郎関東軍参謀副長は受諾の一端について、戦後おこなわれた極東国際軍事裁判、いわゆる東京裁判に被告人として臨むにあたってしたためた供述書（ハ）（c）と（d）でこのように陳述しています。

（c）「満州に日本の特殊権益が存在するかぎり、これが国際条約上正当であっても不平等、被圧迫感を残すことは免れない。それゆえに真に日満の利害が一致し、日満の民族差別観念が一掃されるならばむしろ日本は進んで権益を放棄し、治外法権を撤廃し、旅大（旅順および大連。筆者注）を満州に還付すべきである」

（d）「民族の差別を認めず、日本人も満州人と同様満州の構成分子ならば日本人は一切の優越感、権益思想を一擲して真に平等の立場にて構成分子としてあるいは朝に立ち、あるいは野に在り、貢献すべきである。官吏となるものは帰化するところまで行くべきである」

関東軍作戦参謀の石原莞爾も板垣と同様に、すでに満州国成立以前から治外法権撤廃を示唆していました。一九三一年十月、奉天の瀋陽館に設けられていた関東軍参謀室に石原、板垣、土肥原らが参加し、「南北満州一括解決」に関する会議の場で石原が提出した策定案はそれを伝えるものといっていいでしょう。策定案とはこのようなものでした。

「方針」
満蒙を独立国とし、これを我が保護の下におき、満蒙各民族の平等な発展を期す。
「要領」
(イ)目下起こらんとしている各種独立運動は努めてこれを促進し、とくに軍事行動を決行せんとするものには相当の援助を与え、活発な統一運動を期する。
(ロ)(ハ)略。

（ニ）邦人の火事場泥棒式行為を禁止。東三省官銀等の危急を救済する措置を講じる。
（ホ）略。
1、新独立国の政治は、日支蒙を含む同数の委員により、各民族平等の幸福増進を図る。
2、国防は日本に委任。
3、鉄道、通信を日本の管理に委任する。
（ヘ）既得権擁護の標語を棄て、新満蒙の建設と替え、在満有識者の意見を統一し、宣伝に資する。

石原の策定案は会議の場でただちに決定され、この後の満州建国運動を有利に作用します。ただし策定案では治外法権についての直接言及はありません。けれど1の「各民族の平等」、あるいは「幸福増進」、（ヘ）の「既得権擁護の標語を棄て」るなどの文言は治外法権が存在するかぎり実現しないものであり、実質的には撤廃をしめすものです。

日本人の特権的地位を破棄しなければ各民族の平等も幸福の増進も達成せず、絵に描いた餅にすぎないからです。じっさい石原は満州建国後も機会があるたびに、「満州建国の第一国策として日本は治外法権を撤廃し、旅順、大連の租借地を満州国に贈与すべきである」と繰り返し主張していました。

板垣、石原両参謀による満州国に対する治外法権撤廃論は関東軍参謀片倉衷大尉に引き継がれ、実施に向けたさらなる考察を深めてゆきます。一九三四年十二月、片倉作成による「対満政策遂行に関する意見」で結実を見ます。

(三) 関東軍主導で進められた治外法権撤廃

治外法権撤廃は関東軍主導で進められていました。こうしてみると満州独立にせよ人権保障法にせよ政府の組織法にせよ、満州の根幹にかかわる重要問題は関東軍によって処置され、満州はまさに関東軍に掌握されている実態がわかります。日本政府の関与は関東軍で決定したものを追認するだけの存在でしかないのが実情です。

意見書をまとめた当時、片倉は少佐となり、関東軍参謀から陸軍省軍務局満州班に転出していました。石原も大佐に昇進し、一九三三年八月、歩兵第四連隊長として仙台におり、板垣は少将に昇進。彼だけは引き続き関東軍にとどまり南次郎関東軍司令官および西尾寿造参謀長のもとで参謀副長に就いていました。

そのため意見書作成は板垣が満州から東京に出張されたおり、片倉が石原をも仙台から呼び寄せて都内平河町の万平ホテルで会合を持ち、あらかじめ片倉が起草した意見書について協議し、いくつか修正を加えて決定されたものでした。

では意見書とはどのようなものかといえば、「方針」と「要綱」の二章立てで成っており、「要綱」はさらに「第一対満政策として」「第二満州国の指導として」の二項目に分けられていました。それを示しておくのもいいでしょう。

「方針」とはこのようなものです。

「満州国は日満議定書に基づき、皇国と不可分の関係にある。独立国としてその発達を助成し、内、日満の共存共栄を目標とし、諸般の事象を調査し、彼此国力の充実を図り、国防、治安を全うし、外、道義を基調とする皇国の信倚を獲得して東亜永遠の礎石たらしめる」

治外法権については同意見書の「要綱」「第一対満政策として」の（八）および（二）において述べられています。すなわち「（八）治外法権の早急撤廃」、「（二）附属地行政権の返付と調整」がそうです。

片倉起草の意見書は板垣から南関東軍司令官に提出され、南司令官からさらに林銑十郎陸軍大臣に手交され、了承を求めます。片倉も永田鉄山軍務局長に進言し、尽力を懇請するのでした。これらが功を奏し意見書は一九三五年八月九日、「満州国における帝国の治外法権の撤廃および附属地行政権の移譲等に関する閣議決定」を得たことでようやく日の目を見るのでした。閣議決定は満州国政府にも伝えられ、武部六蔵国務員総務庁長官は八月九日の日記にこう綴っています。

「本日の閣議にて治外法権及附属地行政権に関し、左記の通り決定し、これを発表するとともに外務省から談話の形式にて声明を発した（筆者略）閣議決定を見たことは対満国策具体化の上に一大進展を示すものとして慶賀に堪えない」

日記は武部の個人的感想を綴ったものですが、総務庁長官という立場を勘案すれば彼の感想は国務院政府全体に共通したものといえるでしょう。むろん板垣、石原、片倉など関東軍も閣議決定を歓迎する思いは同じです。治外法権撤廃構想は三者を中心に浮上したものであり、解決手法も彼らによって示されているからです。

閣議決定を得た日本政府は関係省庁が具体的方策に着手し、以下のような方針が示されます。

（イ）従来の条約及び閣議決定の精神に則り、満州国における制度及び施設の整備に対応し、就中、右は帝国臣民の生活に急激な変動を与えぬこと。満州国の全領域における帝国臣民の安住、発展を一層確保すること。及び満州国に対する国策遂行を円滑ならしめることを顧慮し、漸進的に撤廃する。
（ロ）満鉄附属地そのものは依然我が方に確保するが、行政権に関しては治外法権撤廃との関連で満州国の制度、施設に対応し、前項と同様の考慮の下に治外法権の漸進的撤廃と歩調を合わせて移譲する。

政府方針も明確に示され、残す作業は調印だけです。とはいえまだ曖昧な点も少なくありません。それは何かといえば満州国に建立された日本人のための神社仏閣、日本人学校及びこれらの児童生徒に対する教育問題、関東軍を含む軍事問題などの扱いをどのようにするのか。さらには満州国内で発生した日本人による犯罪に対する日本側の関与の有無など。

日本政府はこれらを留保扱いとし、事態の進捗に応じて善処するとして日程は定めていませんが満州国政府にすればすみやかに解決されるべきであり、問題を先送りされたものであったからです。

満州国に在住する日本人及び企業も治外法権撤廃の行方に無関心ではいられません。同法の施行は自分たちが保有する満州国における「特殊権益」「特殊地位」を失うことになりかねず、生活基盤、経済活動をおびやかすため当然です。

それでなくても満州国の発展にともない移民ブームに乗り、満州事変当時は二〇万人程度であった在満日本人はすでに一〇〇万人に達するほど膨張していたのです。治外法権撤廃は在満邦人に与えられていた特権を返上することになるのです。

(四)「特殊権益」と「特殊地位」

「特殊権益」とは何かといえば、まずひとつは軍事的要素です。つまり満州は対ソ戦における重要な軍事拠点であるということです。ロシアは不凍港を求めて極東アジア進出が悲願です。極東アジアの一角に軍港を構築しここを足場に日本海さらに太平洋への進出を企図しているのです。

じっさいロシアは侵略的体質を隠しません。一六八九年九月のネルチンスク条約あるいは一八六〇年八月の北京条約等の締結で中国から沿海州やウラジオストクを力づくで占領し、進出はやむことがありません。

三国干渉はロシアの侵略的体質をよりいっそう鮮明にし、そして露骨にさせるものでした。日本は日清戦争勝利後の一八九五年四月、日清講和条約に調印し、日本は清国から関東州を含む遼東半島の割譲等を獲得しました。

ところが条約批准からわずか三日しかたってない四月二十三日ロシアは仏、独にもけしかけて日本外務省に乗り込み、遼東半島を清国に返還せよと強硬に迫り、応じなければ武力行使も辞せずと恫喝するありさま。当時の日本にはまだ列国に対抗するだけの政治力も軍事力も備えておらず、否応なく日本政府は要求に屈し、返還に応じるのでした。

これがいわゆる三国干渉というものですが、ロシアという国はこのように狡猾きわまりない体質を持つ国柄なのです。じじつ返還後ロシアは遼東半島に乗り込んできてそのままちゃっかり居座るのです。太平洋戦争の敗戦でソ連に奪われた北方四島はわが国固有の領土であるにもかかわらず今なお乗っ取られたまま返還要求を拒否し続けるのもロシアの侵略的体質のせいです。

二つめは、経済的要素です。つまり満州は日本の重工業の発展に欠かせない石炭、鉄、亜鉛など地下資源の供給地であり同時に日本製品の主要な輸出相手国ということです。

三つめは、農業移民など、日本の余剰人口の受け入れ先であるとともに満州国は広大で肥沃に富んだ耕作地を有し、大豆、トウモロコシ、小麦、綿花など豊富な農産物の供給地であるということです。

「特殊地位」とは満州の軍事的経済的地勢的条件を包含した概念です。つまり満州の位置付けとは日本の発展ないし国際競争力維持に欠かせない存在ということです。満州を日本の「生命線」と称するゆえんもここに発するのです。日本と満州両国は切っても切れない紐帯関係にあることから「一徳一心」とも称されます。

治外法権撤廃は日露戦争勝利後に結ばれた日露講和条約の調印によって認められ、日本に付与された満州における「特殊権益」「特殊地位」の権利を満州国に返上し、無力化するものなのです。言い換えればそれまで特権的に振る舞っていた日本人は治外法権撤廃でこの特権を失うということです。

当然のことながら日本人居留民に動揺や不安が起こります。この沈静化にあたったのが「満州国協会」でした。同協会は在満邦人の有志を中心に一九三二年七月発足。関東軍司令官や幕僚幹部の定期異動のたびに運営方針が変更するなど存続危機にあったりもしましたが、満州国民の代表機関として存在します。治外法権撤廃について五族協和、道義的王道政治の創造との宣伝をさかんにすすめ、在満邦人の理解に具するのでした。

官・軍・民の挙国一致のもと、満州国の治外法権撤廃に向けた動きは日ごとに加速します。一九三六年六月、まず「満州における日本臣民の居住及び満州国の課税等に関する条約」が日満政府間で交わされます。同条約は「条約A」とも「第一次撤廃条約」ともいわれました。

同条約は本文の五ヵ条と四ヵ条の附属協定で構成されます。けれど同条約は主として課税の対象や税率の統一をはかることに狙いがありました。したがって治外法権撤廃問題は翌一九三七年十一月五日、植田謙吉関東軍司令官兼満州国駐日全権大使と張燕卿満州国外交部大臣とのあいだで締結された「満州国における治外法権の撤廃及び南満州鉄道附属地行政権の移譲に関する条」で実現されます。同条約は「条約B」とも「第二次撤廃条約」ともいわれます。

撤廃についての具体的な取り決めは附属協定の第一条がそうです。附属地行政権移譲は同協定の第二条に定められています。

第一条、「日本国政府は現に日本国が満州国において有する治外法権を本条約附属協定の定めるところに従い撤廃すべし」

第二条、「日本国政府は南満州鉄道附属地行政権を本条約附属協定の定めるところに従い、満州国政府に移譲すべし」

日本人居留民や商工業者の地位についてもこのように規定してます。

一、日本人は満州国領域において満州国の法令に服し、満州人民に比して不利益なる処遇を受けることはない。以上はいずれも日本国法人にも適用する。

二、満州国内領域における日本法人は同時にこれを満州国法人と認定する。

治外法権撤廃条約の調印についても武部六蔵総務庁長官は十月五日の日記にこう綴っています。

「日満不可分関係の具現として画期的大事業たる、治外法権の撤廃及び南満州鉄道附属地行政権の移譲に関する条約は、本日午前十時より国務院講堂において植田全権大使と張国務院総理大臣との間に調印せられ、十一時に式を了った。日満両政府の要人満堂に溢れた。余は大使の随員としてこれに臨んだ。余としては二年間、この事業に従事し、今日の成果を見、実に感慨無量である。

満州建国以来六年。治安の確立、制度の整備、産業の発達、真に見るべきものあり。国礎いよいよ固く、日本帝国の援助は誠にあつく、両国の不可分の関係いよいよ強化されつつある。両国臣民は五族と平等の地位に立ち、今後益々発展せねばならぬ。

今回の治廃（治外法権撤廃。筆者注）は日本の好意によるものである。満州国の責務はいよいよ重い。今後の運用及び発展に努力を要する」

調印式に立ち会った武部長官は治外法権撤廃が持つ意義の重さが身にひしひしと伝わるのを痛感し、こころを引き締めます。日記からそれがうかがえます。

「条約B」は調印式から三ヵ月後の十二月一日に施行されました。施行によって満州国での日本人居留民の特権的待遇はすべて排除され、満蒙朝漢各民族と同等の待遇となったのです。

日本人居留民は戦勝国民でした。しかもそのうえ政治、経済、軍事、外交、文化すべてを主導し、牽引役をになう位置に立っており、他の民族より一歩も二歩もさきをすすんでいます。武部長官も日記で綴っているように、満州の治安確立も制度の整備も産業の発達も、日本政府および日本人の援助があったればこそ達成されたものでした。

したがって自分たちの利益追求のために満州を植民地とし、他の民族の支配と隷属に服従させることも不可能ではなく、その権利も否定されません。欧米列国の植民地支配はそうであったからです。けれど日本国はこれを強くいましめ、民族の平等主義、王道主義で臨んだのです。治外法権撤廃とはこのようなものです。それにもかかわらずこれでもまだ満州国は日本の植民地であった、日本の傀儡国家であったというのでしょうか。

傀儡篇

第一章　満州国は傀儡国家であったか

（一）満州国は傀儡国家だったのか

傀儡とは「くぐつ」とも言い、操り人形のことをいいます。

よく児童向けの子ども芝居や人形劇などで、人形が細い糸であやつられながら、まるでじっさいに人形が自分の意志で手足や顔の表情を上手に演じるのを見ますが、それが「傀儡」です。そして糸をたぐりながら人形を思いのままにあやつる人物を傀儡師、あるいはくぐつ師といいます。

人形をあやつるぐらいならおもしろく、愉快な劇でたのしく笑ってすみます。けれど人形ではなく、人間に転じるとたちまちイメージが変わります。背後から糸を引き、人間を自在にあやつるくぐつ師は策士、黒幕、フィクサーなどといわれ、悪役に転じるからです。さらにこれが国家に置き換わると傀儡国家といわれ、陰で糸をたぐり、国をあやつるということでますますイメージがダウンします。

傀儡国家とは、ある国がある国によって思うままにコントロールされ、行動し、利用されることをいいます。したがってこの場合ある国はあやつり人形と化しているということです。

傀儡国家は体面的には独立国家であり統治権を保有しています。けれど実態はその国家が自国民の意志、願望、利益にしたがって自国のための統治を行なうのではなく、逆です。ある特定の国家に従属し、特定の国家の意志に従い、行動し、利益増進のために利用されているのです。

くぐつ師のことを策士、黒幕といいました。黒幕はけっして表面には出ず、正体を現わしません。そのため実質的には支配者でありながら実像を隠し、独立国家の体面を持たせることでいかにも自分の意志で統治しているかのようにカモフラージュし、国民あるいは国際世論の非難の矛先が自分に向かうのをかわします。

ある国を傀儡国家に仕立てようとする場合、だいたい二つのやり方があります。まず一つは、ある国がある国を侵略し、占領して植民地とし、相手国の政治的実権を掌握して統治するというものです。

二つめは、ある国のなかに協力者をつくり、協力者を組織して独立国家を立ち上げて間接的に操縦、コントロールするというものです。協力者によって組織され、統治された政権を傀儡政権と称します。一般的概念としての傀儡国家、傀儡政権とは後者を指します。

具体的に傀儡国家とされる例は古代までさかのぼることができますが、ここでは第二次世界大戦前後の例を挙げますと、植民地であったベトナムの独立を阻止するため宗主国の仏が自分の息がかかったバオ・ダイを擁立したサイゴン政権があります。

さらに同国は一九五七年七月米国の庇護のもとに南ベトナムにベトナム共和国を樹立したゴ・ディン・ジェム政権やグエン・バン・チュ政権があります。カンボジアのロン・ノル政権も米国の傀儡であったし、同国の内戦中に発足したカンボジア人民共和国のヘン・サムリン政権は社会主義をかかげ、ベトナム民主共和国の傀儡といわれました。

東ドイツのドイツ民主共和国、ポーランド人民共和国、ブルガリア人民共和国、ハンガリー人民共和国などはれっきとしたソ連の傀儡国家でした。比較的近い例としては二〇一四年、ロシアはウクライナ領内にあるクリミア半島に武力侵攻し、クリミア共和国を傀儡国家とした例があります。

「傀儡国家」をプロパガンダに利用するケースも少なくありません。ひとつの国が南北ないし東西に分断し、分断国家としてそれぞれ違う政権が発足するとだいたい大国が後ろ盾になっているものです。多くは米国でありロシアです。朝鮮半島、ドイツ、ベトナムなどのように。このような場合、たがいに相手側を、後ろ盾になっている大国にあやつられ、利用されていると喧伝し、「傀儡政権」と非難合戦を演じます。

国内統一の保障、国民生活の安定、または他国からの政治的干渉や軍事介入からの防衛等々、傀儡実施の名目や大義名分はいくつもあり、さまざまです。これらを実行するため大国は政治顧問や軍事顧問を派遣し、アドバイザーとなって背後から指示を発します。けれどどのようなケースにせよ傀儡国家、傀儡政権の目的はひとつしかありません。自国の利益です。

大国は表面に現われず、直接統治をおこなうわけではないので国民の視界には入らず、影響を実感することもなく暮らしています。しかしこれが怖いのです。大国は前面に出ないかわりに深く食い込み、じわじわと利益をむさぼり尽くします。気づいたときにはほとんど手遅れ。国民は貧困以外なにも残っていない事態にようやく気づくからです。

大国が傀儡国家、傀儡政権を存続させる目的は自国の経済的、軍事的、領土的権益を擁護することであり、傀儡国家の損得など二の次、三の次でしかないのです。

(二) 皇帝溥儀は満州復辟復を渇望

中国政府がいうならまだしも、その尻馬に乗り、日本においてさえも満州国は日本の傀儡国家であったと平然と言ってのける人たちがいます。これは満州に対してははだ失礼であり、満州建国に心血をそそぎ、情熱をかたむけた人びとに対する冒瀆といわざるを得ず、じつに由々しきことです。

ある国によって背後からあやつられ、利用され、動かされ、からめ取られる。満州国はこのような傀儡国家などではないのです。満州国は満州国民の知恵と意志と行動がひとつに結晶したたまものであり、純然とした独立国家だったのです。しかもこれらに加えて溥儀は終生満州復辟を強く抱き、これを実現させているのです。

漢民族によって清王朝は崩壊し、地位も権威もことごとく剥奪された溥儀は流浪の皇帝と化して零落した姿をさらしていました。そのため彼は満州族の威信回復、満州帝国復権の願望を強く抱き、願いどおりこれを実現させているのです。みずから欲した溥儀の帝位復帰。この事実だけでも満州国は傀儡国家などではない何よりの証しと言ってよいでしょう。

一九三四年三月一日、愛新覚羅溥儀は満州国皇帝に即位しました。同時に満州国の国体は立憲共和制から帝政に改正され、年号も大同から康徳に替わります。溥儀も、それまでの執政から「皇帝」に改められます。このとき彼は「天皇」の尊号を欲しましたがすでに日本に「天皇」が存在しているため同一尊号の使用は認められない措置でした。

これは妻の婉容も同じでした。日本に「皇后」がいるので彼女は「帝后」とされます。さらに御所についても天皇の「皇居」に対して皇帝は「帝宮」と称されたのです。これは混同や錯誤を避けるための区別でした。

かねて悲願であった「皇帝」の尊号と玉座が与えられたことに溥儀は大なる満足感で陶然とします。それというのは即位する約半年前の十月、菱刈隆関東軍司令官よりこのような通達を受け、舞い上がらんばかりに歓喜するからです。

「日本政府は満州国皇帝を承認する用意でございます」

これを聞いた溥儀は、「まったく嬉しくて天にのぼる気持ちだった。私が最初に考えたことは、龍袍を一着準備しなければならない、ということだった」と、『わが半生』で書いているのです。

龍袍とは清朝皇帝が即位式に臨むさいに着衣する正装です。龍袍をまとい、天檀にのぼって天にむかい即位を報告する。これが歴代清朝皇帝の儀式だったのです。溥儀は恵栄大妃が長年大切に保管していた龍袍を引き出すよう命じて目の前に広げ、またもひとしきり感慨にふけるのでした。

「心のなかに感慨があふれてきた。これは光緒帝が着たものだ。本当の皇帝の龍袍なのだ。これこそ私が二十二年間思っていた龍袍なのだ。私はかならずこれを着て即位せねばならない。これが清朝再興の出発点なのだ」（『わが半生』）

龍袍を身にまとい、皇帝即位と清朝復辟を夢想した溥儀。さだめし彼の心は浮き立ち、小躍りせんばかりだったに違いありません。なにしろ一九一二年二月、六歳で清朝皇帝の玉座から引きずり降ろされて以来二十数年間、屈辱と不遇を耐えしのび、寄る辺ない時代を余儀なくされていたのです。けれどこの間不遇であればあるほどにかえって皇位復権、清王朝再興の執心はかえって強固となり、ひたすら雌伏の時を待つのでした。そしてその時がいよいよ到来したのです。

ところが関東軍が次に発した言葉は有頂天になっているかれに冷や水を浴びせるのに等しいものでした。龍袍の着衣は認められない。「満州国陸海空軍大元帥正装」で臨むとのことだったからです。だがこの後彼は関東軍に再考を求めるよう側近に申し付けいく度か折衝をはかり、三月一日の即位式典には龍袍で臨み、康徳帝の尊号も授与され、北京から呼び寄せた愛新覚羅一族および旧遺臣が見守るなか満州国初代皇帝に着座するのです。

(三) 同床異夢の皇帝即位

皇帝溥儀の登場です。けれど「魚心あれば水心あり」のたとえどおりでした。関東軍は溥儀の即位はあくまで満州国を象徴する皇帝であるのに対して溥儀は清朝復辟と見なしていたからです。両者の解釈の違いがしばしば意見の対立や齟齬をきたす要因ともなりますが、決裂に至らないところが微妙なのです。つまり同床異夢ということです。

「皇帝」をめぐる思惑はそれぞれ違い、交わることはないにもかかわらず、かといって絶縁するでもない。それは関東軍にとって皇帝は満州国の統治上、国際関係上、象徴的存在として不可欠だからであり、溥儀にとっては皇帝は尊号と権威の回復であり、あまねく臣民の頂点に立ち、尊崇を仰がれる存在だからです。思うところは違えども「皇帝」が必要な点で両者は一致していたのです。

溥儀は一九〇八年十一月二十一日、第一二代清国皇帝に即位します。当時の清国の旧暦にしたがえば光緒三十四年十一月九日のことです。彼を皇帝に推載したのは西太后でした。推載の経緯について溥儀はこのように記しています。

「二十一日（略）亥の刻、小臣、慶王、世相、鹿協揆、張相、袁尚書、増大臣らとともに福昌殿に至る。皇太后の召見を賜る。皇太后より摂政王載灃の子○○をして大統を嗣がしめて皇帝とする旨の御沙汰を賜る」（『わが半生』）。

○○の部分はすなわち溥儀を指します。彼は載灃の嫡男だったからです。溥儀わずか三歳で清朝皇帝に着座します。これは皇太后、すなわち西太后の遺言によるものでした。溥儀は一二代といわれるが中国では一〇代と解釈しています。それは初代ヌルハチ、二代ホンタイジは満州皇帝であり、山海関を越えて清国皇帝に就いたのは順治帝から、としているせいです。

溥儀の即位は西太后の意向によるものでした。西太后といえば女帝として清王朝に君臨し、親族の同治帝、光緒帝、二代にわたって背後から糸を引き、実権をほしいままにした希代の太后でした。話はやや横にそれますが、皇帝溥儀の誕生に大きく影響するため西太后とはいかなる女性か、触れておくのもいいでしょう。

(四) 希代の女帝西太后

彼女の出自は不明な点も少なくないようです。一八三五年十一月二十九日、満州人の官僚の娘として生まれましたが出生地は不明。幼名は蘭児といいます。葉赫那拉氏の一族で妹がいました。彼女は醇親王の正室となり後に光緒帝を生みます。醇親王は側室とも子をもうけ、これが載灃であり、溥儀の父親になる人です。したがって溥儀は西太后の妹の孫にあたります。

美貌、美声、利発な女性に成長した蘭児は九代皇帝咸豊帝に見初められ一八歳で側室になり、咸豊帝没後は慈禧太后と称されるようになります。咸豊帝には正室がおり慈安太后と称しています。宮中では俗に正室を東太后、側室を西太后と呼び習わしていました。

東西太后はなにがちがうのかといえば慈安太后は後宮の東の建物に住み、慈禧太后は西の建物に住んでいたことです。けれど西より東のほうが格は上でした。格の違いは、同治帝をじっさいに生んだ母親は西太后（同治帝を生んだことで慈禧の徽号が贈呈される）であるにもかかわらず帝母（制度上の母親）は東太后とされたことです。西太后は東太后より二歳年上でしたが格の違いは終始ついてまわり、東太后に対し西太后は「姉上」と呼び、下座のあるのを甘受しなければなりませんでした。

格差はなお死後にまでつづき、東太后は正室だったことで咸豊帝の陵墓に近い西側に築かれましたが側室の西太后は咸豊帝の墓よりはるか離れ、しかも一段低い東側に築かれています。このような西太后が女帝となり、四七年間も清王朝の実権をにぎったのはなぜか、という疑問がわきます。

これは一八五六年咸豊帝とのあいだに載淳、のちの同治帝を生んだことが大きく関係します。東太后は正夫人ではありましたがひとりの子ももうけず、教養も高いとはいえなかったようです。これに比べて西太后は四書五経や二十四史を読破し、宮中の公文書の読み書きをこなすほど才知に富んだ女性だったといわれます。このようなことが西太后の政治的野心、権力欲をやしなったこと、疑いありません。

夫の咸豊帝はアヘン戦争の敗北やそれによる欧米列国の領土割譲などですっかり自信喪失し政治的関心を放棄していました。じっさい一八六〇年七月英仏連合軍が天津に上陸し、北京に進撃中との報告に接すると急に怖じ気づき、側近や多数の官女を引き連れて紫禁城を脱出。北方の熱河山荘に逃げ込むありさまでした。

咸豊帝が怪死したのも熱河山荘であり、北京の紫禁城にはついに復帰できないままでした。一八六一年七月、彼は三一歳で逝去。同時に一人息子の載淳が第一〇代同治帝に践祚《せんそ》します。正室、側室がともに皇太后の尊号が贈られ、東太后、西太后となるのもこの時でした。

自分が生んだ息子に皇帝の座が転がり込んだのです。けれど同治帝はわずか六歳。

政務の執権能力などあろうはずもありません。西太后いよいよ出番です。垂簾聴政を実行に移すチャンスがめぐってきたのです。幼帝が執政に就くケースとして摂政、輔政、垂簾の三つの方法があります。摂政は幼帝になりかわって伯父などが政務を代行するものです。輔政は複数の有力な閣僚が集団指導体制で幼君を補佐するものです。垂簾とは幼君の背後にすだれを垂らし、すがたを隠して背後から執政のあれこれを指図することです。

西太后は垂簾聴政の実行に邪魔な政敵を抹殺し、ついには東太后さえも死去に追いやります。東太后もともに垂簾聴政に加担し、権力のうま味を山分けした仲でした。その東太后も四五歳で亡くなり、天下は西太后が独占するところとなったのです。

東太后の死因は脳梗塞だったようですが、東太后の急死に世間では、なにかと東太后に比較され、ひそかに憎悪をいだいていた西太后が一服盛り、毒殺したのでは、とのうわさが絶えませんでした。

同治帝が一八歳の成人に達したところで西太后は実権を譲渡し、垂簾から退座します。けれど同治帝は国事にほとんど関心がなく、愚昧な帝であったらしく、わずか一年ほどで死去します。死因は天然痘とのことですが、これまた宮廷では「梅毒ではないか……」とのうわさでもちきりでした。彼は家臣の手引きで夜ごと紫禁城をこっそり抜け出し、安価な悪所に入り浸っていたというのです。

実子の皇帝継嗣にひとり天下を夢想していたのもつかの間。さだめし落胆は深く野心もこれでついえたかに思えた西太后。ところがさにあらず。今度は四歳になる実妹の子をかつぎ出し、一一代光緒帝に奉り上げるのです。ここでまたも西太后は垂簾聴政をおこない、実権をにぎります。

光緒帝も短命政権といっていいでしょう。三歳で即位したものの執政を掌握したのは成人に達した一八歳でしたから、三七歳で病没するまでの一九年間ほどでした。けれど短命ながら彼の在位期間は波乱続きでした。

一八九四年の日清戦争、一八九八年の戊戌の変法、二つの大事件が勃発し、これが彼の失脚要因になったからです。戊戌の変法とは、日清戦争の敗北を教訓に清国の近代化および立憲政治の導入をはかろうとする改革派の康有為らが光緒帝を擁立した維新運動です。

これに西太后は猛反撃を加え、光緒帝を拘束して中南海に幽閉するとともに改革派をことごとく宮中から追放してしまいます。ただし廃帝はまぬがれ三七歳で没するまで皇位に就いていました。とはいえ皇帝とは名ばかりで実権は西太后の手に握られていました。そのため光緒帝が没するとまた自らの手で世継ぎを表舞台に立たせます。

今度は光緒帝の甥であり実妹の孫である溥儀を皇帝に指名したのです。西太后はこれでまたも同治帝、光緒帝につづく三人目の垂簾聴政の野望をさらにたくましくさせるのでした。けれど意志とは別に彼女の体は病がちとなり床に伏せる日が多くなっていました。溥儀は十月三十日、乳母に抱かれて西太后に見通ししたときの記憶を『わが半生』でこのように記しています。

「私は慈禧とのこのときの対面を、今でもぼんやりと思い出すことができる。それは強い強烈な刺激によって植え付けられた印象だった。私はあのとき自分がにわかにたくさんの見知らぬ人のなかにいたのを覚えている。私の前には薄暗いとばりがあり、なかからおそろしく醜い痩せた顔がのぞいていた。——これが慈禧だった。慈禧はそばの者に冰糖葫蘆（サザンカやカイドウの実を串刺しにして蜜をかけたもの）を与えるように言いつけたが、私はそれをいきなり床に投げ捨てて、『ばあや、ばあや』と泣きつづけたので、慈禧はすっかり御機嫌ななめとなり、『ほんとうにひねくれた子だ。あっちへ連れていって遊ばせておやり』と言った」

溥儀がとばり越しに、「おそろしく醜い痩せた顔がのぞいた」のを見たのは西太后の死期が間近いことを暗示するものだったかも知れません。じじつ彼女はこの三日後に死去しています。七四歳だったといいます。宮廷は二日連続の不幸に見舞われ、またも妙なうわさがささやかれたものでした。

(五) 廃帝と彷徨のはてに

溥儀は西太后死去から半月ほどのち、清朝一二代皇帝を践祚し、宣統帝の尊号が贈られましたがわずか三歳の幼帝でした。そのため父親の載灃が摂政となり国事を執行します。これも西太后の遺言に従ったものです。けれど載灃も書斎に籠もって読書を好み、晩年は「書癖」と号するほどでしたから国事には頓着なく、実質的に袁世凱が国政を仕切っていたのです。これがために溥儀はわずか在位三年で廃帝に追いやられ、以来長い彷徨の時をおくるのでした。袁世凱に裏切られたからです。

清国は日清戦争にも敗れ末期的様相を呈していました。これを見てとった中国革命派は「滅満興漢」を掲げて清政府打倒を唱え一九一一年十月、武漢で武装蜂起します。これを契機に革命運動は各地に拡大し、翌年一月南京で中華民国が建国され、孫文が臨時大総統に就任したのです。

清政府にはもはや革命軍にまさる軍事力はなく、北洋軍閥の袁世凱に事態収拾を委ねざるを得ません。けれど袁世凱は要請を辞退。これが彼の老獪なところ。つまり辞退を繰り返すことで清政府をいっそう窮地に追いやり、いよいよという段階に至ったところで条件を示し、自分有利に応諾するというものです。

じっさい彼は清政府に政治、軍事、財政の三権掌握の条件を呑ませ、欽差大臣（特命全権大使）の肩書で革命側と休戦交渉に臨むのでした。

しかし三権をものにした時点で袁世凱の腹はきまっていたのです。革命派との政治妥結をはかり、自らが中華民国大総統になり次の三つを断行することです。革命派を弾圧し、孫文一派を中国から放逐する。立憲君主制から共和制に国体を変革する。宣統帝を退位させる、というものです。

袁世凱は当初、国体変革も廃帝も否定し、清政府に忠誠を誓っていたものでした。けれどこれは全権を手に入れるために打った芝居にすぎず、本心は別のところにあったのです。これを見抜けなかった清政府こそ間抜けというべきですが、それでも袁世凱は不忠者、裏切り者の謗りはまぬがれません。

けれどこれに気づいたときにはすでに遅く、袁世凱は「清帝辞位後の優待に関する条件」、いわゆる清室優待条件なるものを作成し、皇室撤廃の既成化を企図するのでした。同条件とは次のようなものでした。

第一款　大清帝辞位後も、尊号はなおも廃止せず、存続するものとする。中華民国

第二款　は諸外国君主を遇する礼をもってこれを遇する。
第三款　大清皇帝は辞位後は年間四百万両を使用する。新幣改鋳後は四百万元とする。これは中華民国が支給する。
第四款　大清帝国は辞位後は、暫時宮中に居住し、後日頤和園に移住する。侍衛などは従来通り留用する。
第五款　大清皇帝辞位後もその宗廟、陵は永遠に奉祀する。中華民国は必要に応じて衛兵を置き、慎重にこれを保護する。
第六款　徳宗（光緒帝）陵の未完工事は予定通り行う。その奉安の儀式も旧制の通りとする。すべての所要経費は中華民国が支出する。
第七款　従来宮中で用いられていた各種の職員は従来通り留用してさしつかえない。ただし今後太監を採用することはできない。
第八款　大清皇帝辞位後もその従来から所有していた私有財産は、中華民国が特別に保護する。
　　　　従来の禁衛軍は中華民国陸軍部の編成下に置かれる。定員・俸給は従来通りとする。

かくして一九一二年二月、宣統帝溥儀は退位します。ただし優待条件には「暫時宮中に居住し」とあるものの期限は限定しておらず、引き続き溥儀の贅沢な宮廷生活は一二年ほど続きます。なにぶん五歳の溥儀の毎回の食事には三〇品目もの高級料理が五、六個の食卓に並ぶという豪勢なもの。そのため一ヵ月についやす肉は八〇斤ということですから、一斤約六〇〇グラムとして約四八キログラム。このほか鶏、鴨など二四〇羽がつぶされたといい、あきれたものです。

けれど一九二四年十月、馮玉祥軍による宮廷クーデターで張作霖、段祺瑞連合政府が成立したことで溥儀は紫禁城から追放され、優待条件も破棄されます。とうとう溥儀も玉座から市井の民に転げ落ち、零落したわが身の悲哀を噛みしめるのでした。ただしなおも皇帝の地位に固執する彼は、悲哀が仇敵に対する復讐と復辟の欲望に早くも変わってゆきます。

第二章　満州国皇帝即位

（一）皇帝復辟の執心

退位以来溥儀は自らの皇帝復帰、清朝復辟こそ「祖業回復」につらなるとの執心を堅くし、疑わない人でした。この執心は退位以来のものでしたから、ほとんど妄執というものです。溥儀の弟溥傑は『溥傑自伝――満州国皇帝を生きて』で溥儀の執心の一端をこのように記しています。

「私たち兄弟が幼年時代に受けた教育は完全に『わが家の天下』思想の産物であった。私たちの幼い心には早くから先祖以来の帝政を復活させ、大清を復辟させるといった反動的な考えが芽生えていた。辛亥革命以後、清朝は倒されたものの『清室優待条件』の庇護のもと、私たちは依然として贅沢三昧な暮らしをしていた。溥儀が『小天地の皇帝』の夢を捨てなかっただけでなく、醇親王府の中でも人びとは過去に恋々として現実に不満で将来にと想を抱いていた。（略）私たちはいつも清王室の皇祖はみな仁心が厚く、人心の願うところであり、このまま滅びることはない、将来またよくなる日もある、と思い、『不遇極まって福来る』日を待った」

「祖業回復」とは初代ヌルハチが満州族を率いて満州に築いた一〇〇年の歴史。山海関を越え、満州族による漢民族支配を確立し、初代清国皇帝に就く順治帝による清王朝三〇〇年の偉業に溥儀自身が再び立ち返り、継承するということです。これら先代の偉業は辛亥革命や優待条件撤廃、紫禁城追放などでことごとく抹殺され、揚げ句の果てには外国人租界地に駆け込み、命乞いをせざるを得ないまでに没落していたからです。

「祖業回復」「清朝復辟」――。溥儀のこの執心が満州建国の重大な要素にあったこと、まぎれもない事実です。それゆえ満州国は傀儡国家であったとの批判は的外れというものです。満州建国は溥儀のもっとも欲するところであったからです。

紫禁城を追放された溥儀一族は北京の英国公使館に助けを求めるものの、革命政府との友好関係などを理由に拒否されおろおろします。そこに手を差し伸べたのが日本公使館でした。溥儀の側近が日本側と交渉したからです。一九二五年三月、天津の日本租界にある張園にかくまわれ、さらに一九二九年七月静園に移ります。このとき溥儀は一八歳に達していました。

租界地の静園に土肥原賢二奉天特務機関長が尋ねてきたのは移転から四年後の一九三一年十一月でした。溥儀は内心ひそかに土肥原の訪問を喜んでいました。訪問の目的は熙洽から送られた封書の内容に関するものと直感したからです。封書とは一ヵ月前ほどの九月三十日、溥儀は香椎浩平天津駐屯軍司令官より呼び出しを受けて静園から司令部に赴き、そこで側近の羅振玉から手渡されたもので、熙洽の封書にはこう書いてあったのです。

「――二十年間待ちのぞんでいた機会が今ついに到来した、どうかこの機会をのがすことなく、ただちに『祖宗発祥の地』においで願って、大計をめぐらしていただきたい、とあった。さらにまた、日本人の支持のもとに、まず満州を占拠し、それから関内（中国本部）をねらおう。私が瀋陽に戻りさえすれば、吉林はまっさきに復辟を宣言するであろう」（『わが半生』）

羅振玉は文面を口頭で反復し、満州の三千万民衆は溥儀の帰郷を待ち望み、満州全土の復活は間近に迫っている、関東軍も溥儀の復位を歓迎しているとさかんに述べ、溥儀の歓心をあおるのでした。溥儀は熟慮するとして即答は避けたが、静園に戻る途中彼らの言葉を反芻するうちじわじわと喜びが沸き、彼らの言葉にしたがってもよいとの思い、次第に強くするのでした。そのようなところに土肥原の訪問です。これは熙洽の封書にあった、関東軍も復位を望んでいることを裏付ける、と溥儀は理解したのです。

土肥原は関東軍の実力者であり、その彼が直接静園にやってくるということは吉報、すなわち皇帝復辟が現実になりつつあるのを伝える使者、と期待できたからです。

『わが半生』で溥儀は静園での、土肥原との会話をこのように記しています。

「その国家はどのような国家になるのですか」

「さきほども申し上げましたように独立自主の国で、宣統帝がすべてを決定する国家であります」

「私が聞きたいのはそのことではない。私が知りたいのはその国家が共和制かそれとも帝制か、帝国であるかどうかです」

「そういう問題は瀋陽へ行けば解決しましょう」

「復辟ならば行きますが、そうでないなら私は行きません」

「もちろん帝国です。それは問題ありません」
「帝国ならば行きましょう」

満州では帝政が施行されるとの土肥原の回答を得て溥儀は大いに満足します。だからこそです、土肥原との会見から数日後、静園に尋ねてきた旧臣の進言にも取り合わなかったのは。旧臣は、土肥原との会見が新聞報道されたのを見た蔣介石国民党政府が使者として静園に派遣した人物です。

このとき旧臣は溥儀に対する国民党政府の条件を携えていました。優待条件を復活させ、毎年規定の優待費を給付する、一括給付にも応じる。住居も、上海に住むもよし、海外移住も東北と日本以外ならどこへ行かれてもよい――という条件です。要するに溥儀が日本側に取り込まれないために用いた懐柔策です。

これを見抜いていた溥儀はそのため条件を突っぱねます。蔣介石が示した皇帝とは尊称のみにすぎず、土肥原とは比較にならない。優待費にしても、満州全土の統治と比べれば微々たるものであったからです。

土肥原との会見から二週間ほどのちの十一月十日夜半、溥儀は天津の静園を脱出し、関東軍が用意したチャーター船に乗り、三日後遼東湾の営口に着岸します。営口は満州の進入口。溥儀はここから満州へと向かい、「祖業回復」「皇帝復辟」の第一歩を踏み出すのでした。

(二) 大清帝国復辟の妄執破綻

溥儀が渇望したものはただひとつです。大清帝国の復辟と皇帝復位、これでした。これ以外まったく関心がなかったのです。次の証言がこれを如実に示すものです。「そのとき私の心をすっかり占領していたのは東北の人民がどれだけ死んだかということでもなければ、日本人がどんなやり方でこの植民地を支配するかということでもなかった。どれだけの軍隊が駐屯するのか、どの鉱山をとるのか、そういうことに私は何の関心もなかった。私が気にかけていたのはただ復辟のことであり、彼らに私が皇帝であることを承認させたいということだけであった。このことのためでなかったら、どうして私が千里の道を越えてこんなところまで来るだろうか。もし皇帝になれないのだったら、生きていて何の意味があるか」(『わが半生』)

溥儀が指摘した「そのとき」とは一九三二年二月十八日張景恵が満州独立および共和制制定を内外に宣言したことです。張景恵、臧式毅、熙洽、馬占山のいわゆる四巨頭が奉天の趙欣伯邸に一堂に会し、満州建国に向けた協議をかさね、張景恵を委員長とする「東北行政委員会」を発足させます。巨頭会議での合意を受けて張景恵は、「党国政府との関係を離脱し、東北省区は完全に独立せり」との声明を発したのです。

けれど証言で注目したいのは皇帝復辟の望みさえ叶えば満州の人びとが死に絶えようと、鉱山などの資源が失われ、亡国の危機に瀕しようとかまわない、とまで言ってのける溥儀の、皇帝復辟に対する妄執です。溥儀のこの態度だけでも満州は日本の傀儡国家であったとする非難は成り立たないこと明らかです。

溥儀の次の証言はさらにいっそう、日本の傀儡国家説を否定するものでしょう。証言とは一九三二年二月二十三日におこなわれた板垣関東軍参謀副長との会見です。ここで板垣は溥儀を執政とし、政体は共和制とすることを説明したのです。このときも溥儀はふたたび仰天し、こう抗弁するのでした。

「それはいったいどういう国ですか。それが大清帝国だとでもいうのですか」

「もちろん、これは大清帝国の復辟ではありません。一つの新しい国です。東北行政委員会が決議し、一致して閣下を新国家の元首、すなわち『執政』に推載しております」

「板垣の口から発した『閣下』という言葉を聞いたとたん、私は全身の血が頭にのぼるのを覚えた。はじめて日本人がそんなふうに私を呼ぶのを聞いたのだ。『宣統帝』

または『陛下』という呼称は今彼らによって取り消されたのだ。これがどうしてがまんできようか。私のこころのなかでは東北三省三百万平方里の土地も三千万の人民も『陛下』という一言と比べれば、物の数ではなかった」(『わが半生』)

清王朝の皇帝の地位とはどれほど高貴なものか、しもじものものには容易に想像しかねますが、溥儀の証言にしたがえば少なくとも満州の領土よりも高い価値があり、三千万民衆の生命財産よりはるかに重い、ということになるようです。『陛下』『皇帝』との呼称の前においては、そのため人のいのちなど虫けら同然であり、踏み台にして顧みる必要もないという論理にもなり、またこれを当然としているのです。

仮に念願どおり溥儀が皇帝に復辟し、大清帝国が復活したならはたして満州はどのような国家になっていたでしょう。おそらく毒々しい虚飾と欺瞞に充満した殺伐たる姿に違いありません。民衆の安寧を顧みず、国土の荒廃など意に介さず、自分たち愛新覚羅一族の栄耀栄華さえ永遠に続けばそれでよく、望むものはこれのみということです。想像するだけでもそら恐ろしいものがあります。

けれどさいわい満州国は溥儀が渇望した大清帝国の復活にはなりませんでした。専制主義、王権政治を排除し、議会主義、共和制国家の確立を企図したからです。

(三)　関東軍の内面指導が傀儡の根拠

満州国が傀儡国家であったとする指摘には、たとえば日本人居留民の他民族軽視、児童生徒の学校教育システム、天照大神を祭神とする建国神廟参拝なども根拠に挙げられることが少なくないのですが、やはり関東軍による内面指導が比重を占めているものと思われます。じっさい関東軍の内面指導は満州国の政治、経済、外交、国民生活などあらゆる面に浸透し、影響をおよぼしていたことは疑いありません。

ただし内面指導は満州国の支配と隷属、搾取と抑圧の手段に行使されたものか、満州国の建国と発展、自立と自存のために行使されたものか、解釈の仕方によって評価も変わります。関東軍の内面指導は後者であったこと、言うまでもありません。

誕生したばかり、よちよち歩きの新生国家満州国。政治も経済も外交も国民生活もいまだ未成熟です。これを世界に比肩する近代国家に育て上げ、成長させるためにはすぐれた人材が欠かせないこと当然です。建国当時の満州でこのような人材が可能なのは関東軍のほか見当たりません。

満州には軍閥がおり、それぞれテリトリーを領していますが彼らの影響といえどせいぜい領域内にとどまり、しかも高い識見と国家観を持った指導者たり得るものではなかったのです。腕力と狡智にたけた支配者にすぎず、近代的国家概念を有し、満州の国家運営を担い得る指導的人材はいるかといえばほとんど皆無に等しいのが実情でした。まして満州の民度、民情はいうにおよばずです。

満州がいかに立ち遅れていたか、張景恵の人物像を知るだけでも想像できます。彼は第二代満州国国務院総理大臣に就任し、国家運営をになう立場ながら文章の読み書きができなかったことは前に述べましたが、そのためこのようなエピソードもありました。

「張景恵は馬賊上がりで、鈴木宗作君に今日聞いた話では、字などロクに書けないということであるが、長岡氏の話でも六ツ敷文章など読むことも困ることがあるらしい。しかし緑林出身だけあって事の形勢を見るに敏にして軍のいうことなどは直ぐ聞くらしい」（『武部六蔵日記』昭和十年五月二十一日）

武部六蔵は当時、満州国務院総務庁長官であり、総理大臣を補佐していました。次のエピソードも当時総務庁人事処事であった古海忠之が張景恵の知られざる一面に触れたものです。

「新京に忠霊塔と称する関東軍の戦死者等を祀った雄大な慰霊碑があり、関東軍は毎年慰霊祭を執り行っていた。あるときのことである。張総理もこれに参列し、慰霊の言葉を述べる式次第になっていた。やがて出番がきて石段をトコトコ上り、霊前に立って慰霊文を読み始めた。ややあって、どうしたのか張総理は高い石段をゆっくり下りて軍司令官、参謀長等の居並ぶ前を悠然と通り抜け松本総理秘書官のところに行き、文中の読めない字を聞き出したうえ、悠然とまた石段を上り、慰霊文を読み終えると何事もなかったような穏やかな顔つきで自分の席に戻って来られた。式場に集まっていた多くのひとびとは、張総理が慰霊式典の途中で石段を下りてきたときには何事が起こったかと驚いたのであったが、顛末を知った後には、終始悠々と行動する張総理にすっかり魅せられ、その人柄に感心したのであった」（『古海忠之・忘れ得ぬ満州国』）

溥儀にしても同様でした。復辟のみにこだわりつづける彼の脳裏にあるのは過去の遺物のような専制政治であり、立憲主義的議会政治を知らないのです。

関東軍の内面指導は『日満議定書』に基づくものでした。同議定書は満州国と関東軍との関係を明確に規定するため一九三二年九月十五日、武藤信義関東軍司令官、鄭孝胥満州国務院総理大臣のあいだで交わされた協定であり、それは二ヵ条でなっています。本文は日満両国の永遠の友好親善、相互の領土権の尊重、東洋平和の構築などを謳っており、条約ではこのように確認しています。

一、日本国または日本国民が日中間の諸取り決めおよび公私の契約によって従来から有する一切の権利利益を満州国が確認し、尊重すること。
二、両国が共同防衛を約し、そのため日本軍が満州国に駐屯する。

日満議定書は二ヵ条と簡単なものでしたが、じつは議定書のほかにもうひとつ、本庄繁関東軍司令官と溥儀が交わしたいわゆる『溥儀・本庄交換公文』があったのです。交換公文は「溥儀書簡」とも「秘密往復書簡」とも称されてます。交換公文の存在は戦後になって初めて明らかになったものでした。

交換公文は本庄より送られてきた書簡に溥儀が調印し、返書する形式をとっています。けれどこれも板垣があらかじめ文案を練り、二月ごろより溥儀に概略が説明されていたものです。

溥儀が書簡に調印したのは一九三二年三月十日、すなわち溥儀が満州国執政に就任した翌日でした。しかしじっさいはすでに三月六日に交換公文は取り交わされていたのです。したがって日付を三月十日としたのは溥儀の執政就任を既成事実化し、交換公文に効力を持たせるために用いたいわばトリックだったのです。ではその交換公文ですが、以下のようなものでした。

一、国防及び治安維持を貴国に委任し、所要経費を負担する。
二、貴国軍隊が国防上必要とする鉄道、水路、航空等の管理及び新線布設を貴国または指定する機関に委任する。
三、貴国軍隊の必要な施設を援助する。
四、参議府に貴国人の達識名望ある士を選任し、また中央、地方官吏にも任用する。貴国の選定、推薦、解職は貴司令官同意の下に行い、参議の人数、その総数を改めるときは協議する。
五、将来、両国の正式条約締結に際しては、以上各項の趣旨はこれを根本とすること。

交換公文の一は日本軍の駐留経費を満州に負担させるのは好ましくないとの指摘を受け、結局実施されることはありませんでした。交換公文の存在を知るのは関東軍司令官、参議長、副長、参謀、国務院総理大臣、各部大臣など一部の主要関係者のみでした。また関東軍のいわゆる内面指導および日本人官吏の任免権、定位制などを規定したのもこの交換公文でした。交換公文をもとに約半年後の九月十五日「日満議定書」が調印されたのです。

(四) 内面指導も定位制も溥儀は容認

「交換公文」も「日満議定書」も溥儀は容認しているのです。したがって満州に対する関東軍の内面指導も日本人官吏の任免権、定位制も理解しています。それでも彼は『わが半生』ではこうつづっているのです。それは一九三二年八月十八日、側近の鄭孝胥がひと山の文書をかかえて溥儀の執務室である勤民楼にやってきた時の会話です。

「これは臣が本庄司令官ととりきめた協定でございます。お上に御認可をお願い申し上げます」

私はこの協定を読んだとたん、激怒した。

「これはだれの命令で締結したのだ」

「これはすべて板垣が旅順で申しました条件でございます」

彼は冷ややかに答えた。

「板垣は前からお上にもお話してあったはずでございます」

「板垣がだれに話したと? 私は彼の話など聞いたことはない。たとえ話があったとしてもお前は署名の前にわたしに言わなければならなかったのではないか」

溥儀の言葉は事実ではありません。まずひとつは、「交換公文」は板垣と溥儀のあいだで交わし、鄭孝胥には責任がないこと。同文書はすでに六月板垣とのあいだで確認しており、八月ではないことです。このような虚偽の文章をなぜ溥儀は平然と書くのか。『わが半生』は戦後、中国共産党に身柄を拘束され、収容所できびしく思想改造が行なわれていたため罪状軽減をはかることから事実を歪曲し、自分有利に書かれたものだったからです。

板垣との交換公文に同意し、調印した溥儀。だからこそ彼の身分も保障され、のちには満州国執政、さらに一九三四年三月一日の満州国の帝政施行にともない初代満州国皇帝に着座したのです。清朝復辟ではなかったものの最高権威者として満州国の頂点に君臨する点では共通し、大いに満足させるものでした。長年来欲してやまなかった皇帝の地位と尊称。溥儀はこれを掌中にし、念願どおりになったのです。したがってこの点からも満州の傀儡説は否定できます。

関東軍の内面指導は交換公文の三にもとづく措置ですが、内面指導がなぜ必要か。片倉衷関東軍参謀は、『関東軍司令官が満州国内面指導を行うを要する理由』をこう述べています。

一、満州国を独立国として努めて表面的干渉を避け、内面的に指導すること万搬に得策なるところこれが指導力は強力な威力を要し、もし文武二途に出る時は策謀に乗せられるのみならず満蒙人の習性は強力なる軍部の支配下においてのみ制御せらるべくまた文武分治の域に達せず、治安の維持を第一とする現状においては国防治安の責に任じ、満州軍隊を指導する関東軍司令官が満州統治の全体にわたり、強力なる指導力をおよぼす要するものなり。

二、満州国の国防は自力の力なく、これを指導しまた国礎を確立するためにはまず治安の維持を第一義とし、万搬の措置を国防治安の要求に適合せしめることを必要にしてこれが見地よりするも共同防衛の任にあたる軍事司令官がこれを指導することと必要にして交通、通信、航空等を管理するゆえんなり。

満州国が他国に依存せず、自立し得るだけのしっかりした統治基盤および人材を有していればこのようなことを片倉参謀は言わないはずです。一般的に満蒙族には国家概念がなく、国家の帰属意識も希薄であり、したがって統治能力もないことはリットン報告書でも認めているところです。

「支那人の認める共同生活上の義務は国家に対するよりはむしろ家族、地方または個人に対するものなり。西洋にいわれる愛国心は支那にては今日ようやく感得せられはじめたにすぎず。職業組合、協会、盟及び軍隊等皆あるいは個人的指導者に従うを例とする」（第六章『満州国』独立国家の創設）

国家とはいかなるものか。満蒙の人たちにはこの認識がない。であれば独立国家として満州の自立をはかるには日本の人的、物的支援および指導が不可欠なこと自明です。けれどリットン報告書はこのように批判的です。

「彼等（日本・筆者注）は右目的を以て或支那人の性命及行動を利用して前政権に対し不平を抱く住民中少数のものを利用したり（略）右の理由により現在の政権は純粋かつ自発的なる独立運動によりて出現したものと思考することを得ず」（第六章『満州国』結論）

けれどリットン報告書は満州の実情をどこまで把握し、このようなレポートを国際連盟に提出したのか、と首をかしげざるを得ません。なぜかといえば満蒙族の大多数はリットン報告書でも指摘しているように、「職業組合、協会、盟及び軍隊等皆あるいは個人的指導者に従う」ような、いわゆる部族的つながりで結束しており、その彼らに近代的国家概念を質しても答えようがないからです。答えようがない住民であれば自発的意識も持ちようがないわけです。したがって国家や独立について判断能力のない彼らに是非を求めてもどだい無理といわざるを得ないのです。

「不平を抱く住民中少数のもの」によってつくられた満州国との指摘もあたりません。独立宣言後東北行政委員会は満州の各省において一般住民、商工業者、教育、地方官吏など各団体の代表者会議を頻繁に開催し、新しい国造りに民衆の理解と賛意が深まっていったからです。

にもかかわらず関東軍の内面指導を根拠に満州の傀儡説が流布されています。けれどどこの傀儡説は誤解といわざるを得ません。関東軍の内面指導権行使の法的根拠はとくになく、満州国成立直後に関東軍司令部内に第三課（のちに第四課）を設置し、新生国家満州の諸問題について助言などをおこなったのが慣例化したものです。

第三課とは満州国内の民政など後方を所轄する部署です。関東軍にはこのほか第一課、第二課があり、第一課は作戦、兵站等を所轄し、第二課は情報等を所轄しています。関東軍はまた日本の天皇直属の軍隊でした。

関東軍の内面指導は満州国国務院との合意のもとでおこなわれ、指導にしても国民に直接おこなわれるものではないのです。第三課参謀と総務庁長官および企画処、主計処等各処長との折衝を通しておこなわれるものです。そのため折衝で第三課案が修正される、あるいは重要な法令、政策要綱などは国務院会議に付され、さらに参議府で諮問もされるため保留ないし付帯決議を付されるというケースも少なくないのです。内面指導というといかにも上意下達による関東軍の絶対的命令であるかのように思われていますが、実情を理解すれば根も葉もないことに気づくはずです。日本人官吏の定位制についてもそうです。定位制は日満議定書四に由来するものでした。

「満州国参議三名のほか、中央および地方官吏に任用する日本人官吏はすべて関東軍司令官の推薦による」

(五)満州国は傀儡国家ではなかった

関東軍の任免権行使も内面指導と同様に満州国を背後からあやつる道具にすぎないと槍玉に挙がってます。けれどこれもまた実情を知れば単なるいちゃもんであることがわかります。むしろあやつろうとする不心得者を排除するのを目的に任免権は行使されるものだからです。

満州国の発展を妨げ、ふさわしくない日本人官吏は登用しない、不適当とみなせばただちに罷免する。これが任免権の趣旨でした。じじつ日満議定書調印に際し、本庄司令官は日本人官吏の定位を少数の高位級官吏にのみ限定し、実務は満漢系官吏運用を採ったものです。

この事実をしめすのが任免の比率です。満州国成立当時、中央政府の官吏は六〇〇名ほどでした。このうち日系は二割、一二〇名に規制しています。比率は各部署においてより徹底されています。

総務庁は日系七割、満漢系三割。財務・実業部は日系六割、満漢系四割。民政・外交・文教各部は日系三割、満漢系七割。地方公省署は日系二割、満漢系八割――という比率でした。

総務庁や財務部は日系官吏の比率が高い理由は特殊機能を有する部署だったからです。特殊機能とは何かといえば、総務庁は国務院総理大臣の直属機関であったこと、総務庁長官は日系の定位であったことです。

総務庁は一九三二年三月、国務院官制にもとづき、国務院総理大臣による機密、人事、主計、需要等に関する機能を補佐し、一元管理するために設置されたものです。したがって司法、交通、国民勤労、興農など各部大臣がいますがこれらは国務院総理大臣によって任命され、指揮監督を受けます。立場についてもそれぞれ所管する行政長官であり、国務大臣ではなかったからです。

国務院総理大臣および各部大臣は満漢系の定位でした。各部大臣のもとに次長一名が置かれ、大臣を補佐します。次長は日本人の定位でした。

満州は国土発展にともない統治機構改革が繰り返され、国務院総理大臣の職務も多岐にわたり、職権も強化されます。けれどもちろん総理大臣ひとりですべての職務をこなすなど不可能。これをになったのが総務庁です。総務庁はしたがって満州国の国政を統括する中枢機関といえ、まさに満州国の「人・物・金」の三権を掌握し、施政に深く関与したのです。

満州国が「総務庁政治」といわれるのも、後に総務庁次長となり、満州の治外法権撤廃、産業開発五ヵ年計画、阿片・麻薬法制定などに手腕を振るった古海忠之が満州の「副総理」と称されたゆえんもここにあるのです。

関東軍の任免権行使は日本人を優遇し、満漢系の支配と抑圧をねらったものではなく、まして自分たちの意のままにあやつる国家を企図するものではなかったこと、これらかずかずの事実から明らかでしょう。

おわりに

侵略・植民地・傀儡——。この三つをキーワードに満州国の実相を読み解くというのが本書のねらいです。本書の冒頭でも述べましたが、中国共産党政権は満州問題をほとんどタブー化し、触れることを極度に忌避しています。

ところがこの三つのキーワード、じつは満州ではなくいまや、蛇蝎のごとく忌み嫌ってやまない中国共産党政権にブーメランとなって跳ね返っているから皮肉としかいいようがありません。中国共産党政権こそ侵略、植民地、傀儡のすべてを体現し、世界に覇を遂げるとの野心を剥き出しにしているからです。

中国共産党政権は「九段線」なるものを南シナ海に設定し、台湾、南沙諸島、インドネシア、ベトナム沖などを楕円形で結ぶ内側の領有権を主張し、侵略的体質を国際的に披瀝しました。「九段線」は二〇一六年七月、オランダ・ハーグ仲裁裁判所において法的根拠はまったくないとの判決を受けたにもかかわらず中国はこれを無視し、港湾施設を整備するなど軍事拠点化をはかり、太平洋等への海洋進出を目論んでいます。

日本に対してもさかんに揺さぶりを繰り返しています。尖閣諸島に中国海警局公船が頻繁に出現し、同船に守られた中国漁船の領海侵犯はやむどころかいっそう活発化するありさまです。沖の鳥島も中国に狙い撃ちされているのです。「島」ではない、「岩」であるとして中国は海洋調査船を送り込み、勝手に調査をはじめる横暴さです。

このため領有権をめぐってフィリピンやベトナムなどとの摩擦は絶えず、中国共産党政権は紛争の火種を各国に撒き散らしているのです。これは海洋だけに限りません。中国共産党政権の侵略的体質は陸上においてもです。

インドとは北部ラダックの領有権をめぐる紛争が長らく続いています。これにあきたらず中国は、なんと今度はブータンのサクテン野生生物保護区を含む東部地域は中国固有の領土であると主張しはじめるのです。ブータンはヒマラヤ山脈に接する小国。ここに恫喝を加えて自国領土といい張る中国共産党政権。これを侵略と言わず、ほかに言葉があるでしょうか。

スリランカやエチオピアはすでに中国の植民地と化しています。『債務の罠』という、中国政府の巧妙な手口に嵌められて多額の借金を抱え込む羽目になり、その借金のカタに領土を担保として中国政府に差し出しているからです。

中国政府は世界第二の経済力と軍事力を背景に「一帯一路」なる巨大経済圏構想を推進し、中国共産党政権の影響力を世界に拡大せんとして東南アジア、中南米、アフリカなど発展途上国をターゲットに進出し、カネ、モノを貸し付けて借金漬けにしています。

スリランカは中国資本の援助を受けて国土建設のインフラ整備に取り組んでいます。けれど気づいてみれば国内総生産をはるかに超過する、過剰な負債を背負い込む『債務の罠』に陥るのでした。そのためスリランカ政府はハンバントタ港湾建設の負債一三億ドルのカタに二〇一七年中国企業に対し同港湾を九九年間無償で提供する契約を結び、事実上中国所有の港湾と化したのです。

エチオピアもスリランカと同じく『債務の罠』に陥ってます。中国に対する債務額は国内総生産の六〇パーセントを占め、債務返済が国家財政を圧迫しているからです。エチオピアは一帯一路構想の先端を行くモデル国家ともいわれ、中国がもっとも肩入れしている国です。全土に整備中の道路の七〇パーセントは中国の資金援助で行なわれています。けれど金・物・人・技術のツケは同国の財政に重くのしかかり、エチオピアは債務返済に疲弊しているのです。

ラオスも『債務の罠』が懸念されています。二〇二一年十二月、ラオスでは中国と結ぶ国際高速鉄道が開通し、経済効果が期待されています。けれど鉄道建設は中国政府の一帯一路構想による中国資本の投入で行なわれたもの。採算が合わなければたちどころに中国政府の『債務の罠』に陥ることになりかねません。

国際援助あるいは国際貢献などの名目で中国共産党政権は途上国のインフラ整備に資金をどしどし投入しています。けれど相手国が返済能力を失い、債務国に転落するとそのカタに領土を割譲し植民地化してゆく。これが一帯一路の本質なのです。

もはや香港政府は中国共産党政権に完全に牛耳られた傀儡に堕したといっても過言ではありません。香港はアヘン戦争以来英国の植民地でしたが一九九七年中国に返還されました。返還に先立って中国政府は英国と中英共同宣言を交わし、司法の独立、言論・結社の自由など高度の自治を五〇年間保障する、いわゆる「一国二制度」を確認しました。

そうでありながら二〇二〇年六月、中国共産党政権は「香港国家安全維持法」を制定し、これらの自由を奪い取り、民主派といわれる議員たちを議会から締め出し、香港政府はもはや完璧に中国共産党政権に支配された傀儡政府と化しています。
侵略・植民地・傀儡――。これらの言葉を贈呈するとしたら中国共産党政権こそもっともふさわしく、望ましい対象はほかにありません。これらを念頭に置きながら本書を手にとってくだされればこれに過ぎるものはありません。

二〇二二年十一月

著　者

主要参考文献＊「関東軍1・2」防衛庁防衛研修所戦史室・東雲新聞社＊「日本海軍史第三巻」財団法人海軍歴史保存会＊「満州国史・総論・各論」満州国史編纂刊行会「昭和史の天皇5流亡の民」読売新聞社編＊「武部六蔵日記」編者田浦雅徳、古川隆久、武部健一・芙蓉書房出版＊「秘録板垣征四郎」板垣征四郎刊行会編・芙蓉書房出版＊「片倉衷 回想の満州国」片倉衷・経済往来社＊「片倉衷・語りつぐ昭和史 満州国の興亡」片倉衷・朝日文庫＊「満州建国の夢と現実」社団法人国際善隣協会編＊「古海忠之 忘れ得ぬ満州国」古海忠之・経済往来社＊「わが半生 上下」愛新覚羅溥儀・筑摩叢書＊「溥傑自伝 満州国皇弟を生きて」愛新覚羅溥傑・河出書房新社＊「わが夫 溥儀」李淑賢・学生社＊「関東軍総司令部」楳本捨三・経済往来社＊「満州国皇帝の秘録」中田整一・文藝春秋＊「幾山河」瀬島龍三・産経新聞社＊「毛沢東の対日戦犯裁判」大沢武司・中央公論新社＊「将軍の遺言・遠藤三郎日記」宮武剛・毎日新聞社＊「西田税 二・二六への軌跡」須山幸雄・芙蓉書房出版＊「復刻版 少年満州読本」長与善郎・徳間書店＊「キメラ 満州国の肖像」山室信一・中央公論新社＊「ラストエンペラーと近代中国・清末中華民国」菊池秀明・講談社＊「マオ・誰も知らなかった毛沢東上・下」ユン・チアン、ジョン・ハリディ／土屋京子訳・講談社＊「中華帝国の興亡」黄文雄・PHP研究所＊「満州国崩壊8・15」岡村青・潮書房光人新社＊その他新聞、雑誌等を参照

産経NF文庫書き下ろし作品

装幀 伏見さつき
DTP 佐藤敦子

産経NF文庫

世界史の中の満州国

二〇二三年一月二十一日　第一刷発行

著　者　岡村　青
発行者　皆川豪志
発行・発売　株式会社　潮書房光人新社
〒100-8077　東京都千代田区大手町一-七-二
電話／〇三-六二八一-九八九一(代)
印刷・製本　凸版印刷株式会社
定価はカバーに表示してあります
乱丁・落丁のものはお取りかえ致します。本文は中性紙を使用

ISBN978-4-7698-7055-5　C0195
http://www.kojinsha.co.jp

産経NF文庫の既刊本

日本が戦ってくれて感謝しています2
あの戦争で日本人が尊敬された理由

井上和彦

第1次大戦、戦勝100年「マルタ」における日英同盟を序章に、読者から要望が押し寄せたインドネシア——あの戦争の大義そのものを3章にわたって収録。日本人は、なぜ熱狂的に迎えられたか。歴史認識を辿る旅の完結編。15万部突破ベストセラー文庫化第2弾。

定価902円(税込)　ISBN978-4-7698-7002-9

日本が戦ってくれて感謝しています
アジアが賞賛する日本とあの戦争

井上和彦

インド、マレーシア、フィリピン、パラオ、台湾……日本軍は、私たちの祖先は激戦の中で何を残したか。金田一春彦氏が生前に感激して絶賛した「歴史認識」を辿る旅——涙が止まらない！感涙の声が続々と寄せられた15万部突破のベストセラーがついに文庫化。

定価946円(税込)　ISBN978-4-7698-7001-2

産経NF文庫の既刊本

台湾を築いた明治の日本人　渡辺利夫

なぜ日本人は台湾に心惹かれるのか。「蓬莱米」を開発した磯永吉、東洋一のダムを築いた八田與一、統治を進めた児玉源太郎、後藤新平……。国家のため、台湾住民のため、己の仕事を貫いたサムライたち。アジアに造詣の深い開発経済学者が放つ明治のリーダーたちの群像劇！

定価902円(税込)　ISBN 978-4-7698-7041-8

「賊軍」列伝　明治を支えた男たち　星　亮一

一夜にして「逆賊」となった幕府方の人々。戊辰戦争と薩長政府の理不尽な仕打ちに辛酸をなめながら、なお志を失わず新国家建設に身命を賭した男たち。盛岡の原敬、水沢の後藤新平、幕臣の渋沢栄一、会津の山川健次郎……。各界で足跡を残した誇り高き敗者たちの生涯。

定価869円(税込)　ISBN 978-4-7698-7043-2

産経NF文庫の既刊本

日本人なら知っておきたい英雄 ヤマトタケル

産経新聞取材班

古代天皇時代、九州や東国の反乱者たちを制し、大和への帰還目前に非業の死を遂げた英雄ヤマトタケル。神武天皇から受け継いだ日本の「国固め」に捧げた生涯を南は鹿児島から北は岩手まで、日本各地を巡り、地元の伝承を集め、郷土史家の話に耳を傾けて綴る。

定価891円（税込）　ISBN 978-4-7698-7015-9

教科書が教えない 楠木正成

産経新聞取材班

明治の小学生が模範とした人物第一位——天皇の求心力と権威の下で実務に長けた武士が国政を取る「日本」を夢見て、そのために粉骨砕身働いたのが正成という武将だった。戦後、墨塗りされ、教科書から消えた正成。日本が失った「滅私奉公」を発掘する。

定価990円（税込）　ISBN 978-4-7698-7014-2

産経NF文庫の既刊本

「令和」を生きる人に知ってほしい　日本の「戦後」

皿木喜久

なぜ平成の子供たちに知らせなかったのか……GHQの占領政策、東京裁判、「米国製」憲法、日米安保――これまで戦勝国による歴史観の押しつけから目をそむけてこなかったか。「敗戦国」のくびきから真に解き放たれるために「戦後」を清算、歴史的事実に真正面から向き合う。

定価869円（税込）　ISBN978-4-7698-7012-8

子供たちに伝えたい　日本の戦争　1894～1945年

あのとき　なぜ戦ったのか

皿木喜久

あなたは知っていますか？子や孫に教えられますか？日本が戦った本当の理由を。日清、日露、米英との戦い…日本は自国を守るために必死に戦った。自国を貶める史観を離れ、「日本の戦争」を真摯に、公平に見ることが大切です。本書はその一助になる〝教科書〟です。

定価891円（税込）　ISBN978-4-7698-7011-1